职业教育智能网联汽车技术创新与实践系列教材

智能网联汽车传感器技术

主　编　李晓艳　　刘　强

副主编　杨立霞　秦　娟　贾燕红　李妙然

参　编　韩凤梅　王　珊　赵　跃　林　桢

　　　　张化迎　王晓鹏

机械工业出版社

本书按照智能网联汽车常用传感器的相关知识展开，包括传感器认知、汽车温度传感器与气体传感器、汽车压力传感器、爆燃传感器与碰撞传感器、汽车位置传感器与速度传感器、智能网联汽车激光雷达、智能网联汽车超声波雷达、智能网联汽车毫米波雷达、智能网联汽车视觉传感器、智能网联汽车组合导航系统共 9 个项目，计 19 个任务。本书系统介绍了智能网联汽车典型传感器的基本理论、装调与检测以及故障排除等内容。

本书可作为职业院校智能网联汽车技术、汽车智能技术、新能源汽车技术等相关专业的教材，也可作为汽车相关专业学生的参考用书和汽车相关企业员工的参考用书。

为方便读者自主学习、提高效率，本书配备了二维码视频资源，可通过手机扫码观看。

本书配有任务工单、电子课件、试卷及答案等，凡使用本书作为教材的教师均可登录机械工业出版社教育服务网（www.cmpedu.com），注册后免费下载，咨询电话：010-88379375。

图书在版编目（CIP）数据

智能网联汽车传感器技术 / 李晓艳，刘强主编.
北京：机械工业出版社，2024.7. -- (职业教育智能
网联汽车技术创新与实践系列教材). -- ISBN 978-7
-111-75960-7

Ⅰ. U463.6

中国国家版本馆 CIP 数据核字第 2024M3S508 号

机械工业出版社（北京市百万庄大街22号 邮政编码100037）
策划编辑：葛晓慧　　　　　　责任编辑：葛晓慧
责任校对：樊钟英　李　婷　　封面设计：陈　沛
责任印制：李　昂
天津市银博印刷集团有限公司印刷
2024年8月第1版第1次印刷
184mm×260mm · 14.75印张 · 353千字
标准书号：ISBN 978-7-111-75960-7
定价：54.00元（含任务工单）

电话服务　　　　　　　　　　网络服务
客服电话：010-88361066　　　机 工 官 网：www.cmpbook.com
　　　　　010-88379833　　　机 工 官 博：weibo.com/cmp1952
　　　　　010-68326294　　　金 书 网：www.golden-book.com
封底无防伪标均为盗版　　机工教育服务网：www.cmpedu.com

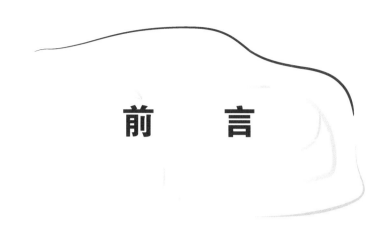

前　言

本书贯彻落实党的二十大精神，适应产业结构优化升级需要，针对智能网联汽车产业相关的职业教育资源紧缺的情况，按照科教融汇、产教融合、校企共建的立体化教材建设思路进行开发，对接职业岗位能力，联合北京和绪科技有限公司，结合智能网联汽车技术技能大赛规程和智能网联汽车测试装调职业技能等级标准，以智能网联汽车技术专业人才培养目标为依据，紧密结合当前汽车智能技术发展，融入科技创新、绿色低碳理念、科学家精神，对智能网联汽车应用的传感器进行了全面的介绍。本书既包含理论知识，又包含安装调试、检测排故等实训操作，是一本理实一体化教材。

本书每个任务由任务导入、任务描述、知识链接、任务实施、拓展知识5个环节组成，结合通俗易懂的理论知识进行实操训练。配有活页式任务工单，数字资源库，在线课程平台，可进行线上线下混合式教学和学习。

本书由李晓艳、刘强担任主编，杨立霞、秦娟、贾燕红、李妙然担任副主编。李晓艳负责全书统筹策划，并编写项目1的部分内容和项目5，刘强编写项目2的部分内容和项目9，李妙然负责职业能力内容的编写，杨立霞编写项目3和项目7，秦娟编写项目4和项目6，贾燕红编写项目1、项目2的部分内容和项目8，韩凤梅、王珊、赵跃、王晓鹏、林桢、张化迎负责资料的收集和整理。

在本书编写过程中，企业专家、工程师和职业院校老师提出了宝贵的意见和建议，在此对他们表示衷心感谢。同时，编者参考了部分文献资料，在此向相关作者表示感谢。

鉴于编者水平有限，书中难免有疏漏之处，敬请读者批评指正。

编　者

二维码索引

（续）

（续）

（续）

目　　录

项目 1
传感器认知

项目目标

素养目标

1. 树立热爱生活，热爱学习的意识。
2. 树立严谨的工作态度、团队合作意识、规则意识。
3. 树立探索意识和创新意识。

知识目标

1. 了解传感器的定义、特性和应用。
2. 掌握汽车传感器按功能进行分类的具体情况。
3. 熟悉汽车传感器在汽车中的应用。
4. 熟悉智能网联汽车传感器的类型与应用。

技能目标

1. 了解汽车传感器在车辆中的位置。
2. 掌握传感器在电控汽油喷射中应用的原理。
3. 掌握传感器在汽车环境感知中的应用。

任务 1.1　传统汽车传感器认知

——博学之，审问之，慎思之，明辨之，笃行之。

任务导入

　　无人驾驶汽车是如何感知周围环境，如何进行自主避障，如何实现车联网的？为什么不系安全带，车内会报警？下雨时，刮水器为什么会自动开启？这些都是汽车传感器的功劳，

ECU 根据传感器检测的信号数据实现相应执行器的启动或关闭。那么，汽车中的传感器有哪些？具有什么功能呢？

任务描述

通过对汽车传感器的认知，了解汽车传感器的分类情况，熟悉汽车传感器在汽车中的应用，掌握汽车传感器按功能进行分类的具体情况。树立热爱生活，热爱学习的意识；树立规则意识和团队合作意识。

知识链接

伴随工业化、信息化时代的到来，传感器技术已经成为一门迅猛发展的综合性技术学科，它与通信技术、计算机技术一起构成了信息技术系统的"感官""神经"和"大脑"，是信息技术的 3 大支柱。

传感器认知

一、传感器的认知

1. 传感器的定义

GB/T 7665—2005《传感器通用术语》中对传感器的定义是：传感器是能感受被测量并按照一定的规律转换成可用输出信号的器件或装置，通常由敏感元件和转换元件组成。有时也将信号调节与转换电路及辅助电源作为传感器的组成部分，如图 1-1 所示。

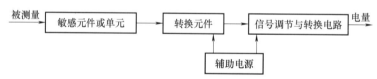

图 1-1　传感器组成框图

转换元件是指传感器中能将敏感元件感受（或响应）的被测量转换成适合于传输和（或）测量的电信号的装置。当输出为规定的标准信号时，则一般称为变送器或转换器。如应变式压力传感器的应变片，它的作用是将弹性膜片的变形转换为电阻值的变化。

信号调节与转换电路一般是指能把传感元件输出的电信号转换为便于显示、记录、处理和控制的有用电信号的电路，信号调节与转换电路的选择要视传感元件的类型而定。常用信号调节与转换电路有信号放大器电桥、振荡器、阻抗变换器等。

2. 传感器的特性

（1）传感器的静态特性　传感器一般将各种信息量（物理量、化学量、生物量）转换为电量，描述这种转换的输入与输出的关系表达了传感器的基本特性，有静态、动态之分。静态特性是指当输入量为常量或变化极慢时，即被测量各个值处于稳定状态时的输入输出关系。

1）线性度。线性度也称非线性误差。指传感器的输出与输入关系的线性程度，即实际特性曲线与拟合直线（也称理论直线）之间的最大偏差与传感器满量程输出的百分比。理论上希望传感器具有理想的线性化输入输出关系，实际上传感器大多为非线性，如图 1-2 所示。

2）迟滞。传感器在正（输入量增大）反（输入量减小）行程中输入输出特性曲线不重合的现象称为迟滞，如图 1-3 所示。一般希望迟滞越小越好。

3）重复性。重复性是指传感器在输入量按同一方向作全量程连续多次变化时，所得特性曲线不一致的程度，如图 1-4 所示。

4）灵敏度。指到达稳定工作状态时输出变化量与引起此变化的输入变化量之比。

5）分辨力。指传感器能检测到的最小输入增量，可用绝对值表示，也可用与满量程的百分比表示。

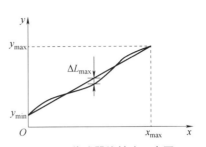

图 1-2　传感器线性度示意图

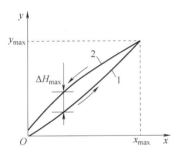

图 1-3　传感器迟滞示意图

1—正向行程　2—反向行程
ΔH_{max}—正反向输出量最大偏差

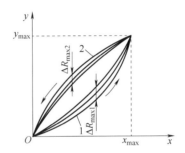

图 1-4　传感器重复性示意图

1—正向行程　2—反向行程
ΔR_{max1}—正向行程的最大重复性偏差
ΔR_{max2}—反向行程的最大重复性偏差

6）稳定性和漂移。稳定性一般以室温条件下经过规定的时间间隔后，传感器的输出与起始标定时的输出之间的差异来表示。漂移指在外界干扰下，输出量出现与输入量无关的变化，有时间漂移和温度漂移等多种。

（2）传感器的动态特性　动态特性是指检测系统的输入为随时间变化的信号时，系统的输出与输入之间的关系特性。设计传感器时，要根据其动态性能要求与使用条件选择合理的方案并确定合适的参数。使用传感器时，要根据其动态性能要求与使用条件确定合适的使用方法，同时对给定条件下的传感器动态误差做出估计。

动态特性是传感器性能的重要指标，在测量随时间变化的参数时，只考虑静态性能指标是不够的，还要注意其动态性能指标，如一阶传感器动态性能指标有稳态误差和时间常数等。

二、汽车传感器的认知

汽车传感器是一种能检测物理量、电量和化学量等信息，并把它转换成 ECU 能识别的电信号，也就是对信息进行采集和传输的器件。

汽车传感器认知

1. 汽车传感器的分类

（1）按能量关系分类　传感器按能量关系分类可分为主动型和被动型两类。汽车上使用的传感器大多数属被动型传感器，这种被动型传感器需要外加输入电源才能产生电信号，所以这类传感器实际上是一个能量控制器。采用电阻、电感、电容，利用应变效应、磁阻效应、热阻效应制成的传感器都属于被动型传感器。

（2）按信号转换分类　按信号转换分类，可分为由一种非电量转换成另一种非电量的传感器，如弹性敏感元件和气动传感器；是由非电量转换成电量的传感器，如热电偶温度传感器、压电式加速传感器等。

（3）按输入量分类　按输入量分类即按被测量分类，可分为位移传感器、速度传感器、加速度传感器、角位移传感器、角速度传感器、力传感器、力矩传感器、压力传感器、真空度传感器、温度传感器、电流传感器、气体成分传感器、浓度传感器等。

（4）按工作原理分类　按传感器的工作原理分类，有电阻式传感器、电容式传感器、应变式传感器、电感式传感器、光电式传感器、光敏式传感器、压电式传感器、热电式传感器等。

（5）按输出信号分类　按传感器输出信号分类，有模拟式和数字式两种。模拟电压信号是指随时间连续变化的电信号。在汽车控制单元中，大多数的传感器以产生模拟电压信号为主。数字电压信号是指随时间不连续变化的电信号，该信号只有两种状态，即高电平和低电平，同时也包括一些开关信号，数字电压信号不需要经过 A-D 转换即可处理。

（6）按制造工艺分类　传感器按制造工艺可分为集成传感器、薄膜传感器、厚膜传感器、陶瓷传感器等类型。

（7）按使用功能分类　汽车各种传感器按其使用功能又可分为两类：①使驾驶、维修人员了解汽车各部分状态的传感器，如温度传感器、车速传感器、发动机转速传感器、液体压力传感器等；②用于控制汽车运行状态的传感器，如节气门位置传感器、轮速传感器、减速度传感器、偏航率传感器等。

汽车传感器的应用
与未来发展

2. 汽车传感器的应用

现代汽车电子控制中，传感器广泛应用在发动机、底盘和车身各个系统中。汽车传感器在这些系统中担负着信息采集和传输的任务，它采集的信息由控制单元进行处理后，形成向执行器发出的指令，完成电子控制。传感器在电子控制和自诊断系统中是非常重要的装置，它能及时识别外界的变化和系统本身的变化，再根据变化的信息去控制系统本身的工作。各个系统控制过程正是依靠传感器进行信息反馈，实现自动控制工作的。

（1）汽车发动机控制

1）电控汽油喷射（EFI）。电控汽油喷射实现喷油量控制、喷油正时控制、进气增压控制、发电机输出电压的控制、怠速控制、冷起动喷油器控制、燃油泵控制与燃油泵泵油量控制、断油控制、停车起动控制、排放控制、自诊断与报警、安全保险与备用功能等。

2）电控点火装置。电控点火装置实现点火提前角控制、通电时间（闭合角）与恒流控制、爆燃控制等。发动机运转时，控制单元根据空气流量传感器或进气压力传感器、发动机转速传感器、凸轮轴位置传感器、温度传感器等的信号，使发动机在最佳点火提前角工况下工作，输出最大功率和转矩，将油耗和排放降到最低。该系统可通过爆燃传感器进行反馈控制，其点火时刻的控制精度比无反馈控制时高，但排气净化差。

（2）汽车底盘控制　电控自动变速器（ECT）根据节气门位置传感器和车速传感器

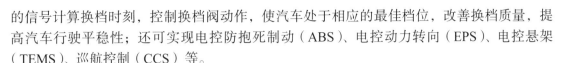

的信号计算换档时刻，控制换档阀动作，使汽车处于相应的最佳档位，改善换档质量，提高汽车行驶平稳性；还可实现电控防抱死制动（ABS）、电控动力转向（EPS）、电控悬架（TEMS）、巡航控制（CCS）等。

（3）汽车行驶安全系统

1）安全气囊系统（SRS）。SRS属于被动式安全系统，它是由安全气囊和带预紧装置的安全带组成。当车辆发生前方一定角度的高速碰撞时，汽车前端的碰撞传感器和与SRS控制单元安装在一起的安全传感器就会检测到汽车突然减速的信号，并将信号传送到SRS控制单元；SRS经过计算和比较后，立即向SRS气囊组件内的电热引爆管发出点火指令，引爆电雷管，使点火药粉受热爆炸，产生的气体充入气囊，在驾驶人与转向盘之间、前座乘员与仪表板之间形成一个缓冲软垫，避免因硬性撞击而使乘员受伤。

2）雷达防撞系统。为防止汽车追尾事故发生，安全车距自动控制装置中的多普勒雷达（用于测速和测距的传感器）可以测出两车的距离、车速、相对车速等有关信息，输入控制单元后经过比较，若实测距离小于安全距离，则控制单元发出报警信息，若驾驶人未采取措施，执行器就会自动对车辆的制动系统起作用，使车辆减速，防止事故发生。当车距超过安全车距时，制动系统恢复正常。

3）驱动防滑控制（ASR）系统。ASR系统是在防抱死制动系统的基础上开发的，两系统有许多共同组件。ASR系统通过驱动轮上的转速传感器检测到驱动轮将打滑时，控制元件控制发动机降低转速，防止车轮打滑。该系统在雪地或湿滑路面上能发挥重要作用，保证行驶安全。

4）前照灯控制。前照灯自动控制系统包括前照灯自动开关和自动调光系统。前照灯自动开关的作用是当车外日光暗到一定程度时，前照灯自动开启，而当日光增强到一定程度时，前照灯会自动关闭。

（4）汽车信息系统

1）信息显示与报警系统。该系统可将发动机工况和各传感器的信息参数通过微处理机处理后，输出对驾驶人更有用的信息，并用数字、线条显示或声光报警。

2）语言信息系统。语言信息包括语音报警和语言控制两类。语音报警通过开关型传感器监测车内部件的工作情况，一旦检测到故障，即闭合开关，触发控制器，启动语音电路，同时发出报警声音信号。语言控制是指驾驶人可用声音指挥、控制汽车的某个部件的工作，进行指令动作。

3）车用定位和导航系统。车用导航系统是汽车行驶向智能化发展的标志，它能定向选择最佳行驶路线。将全球定位系统（GPS）接收机安装在车上，并使用推算技术，即利用各种传感器，如相对传感器、绝对传感器、转向角传感器、车轮传感器（测距）、地磁传感器、陀螺盘（测方向）、罗盘等精确测定汽车目前所在的位置，定向选择最佳行驶路线。

（5）驾驶舒适性

1）自动空调的控制。汽车自动空调是用温度设定开关设定所需的温度，再把各种传感器（车内温度、车外温度、日照强度、发动机冷却液温度等）所测出的汽车室内温度、汽车室外空气温度、太阳光的照射强度、发动机冷却液的温度等信息输入控制单元（ECU），ECU经过数据处理后，计算出自动空调应输送空气的温度值，从而向执行器发出控制指令，控制空气混合板的开度、冷却液阀的开闭、风机的转速、空气吸入口和送出口挡板的开度等。

2）自动座椅。自动座椅控制是根据人体工程学和电子技术设计，使它能适合乘客的不同体型、身材，满足乘客舒适性要求。

（6）安全防盗　GPS 机动车防盗系统是具有网络报警功能的汽车电子防盗系统。在汽车上安装一台 GPS 终端设备，卫星监控中心可对车辆 24h 不间断、高精度监控。该系统由指挥中心的中央控制系统、安装在车辆上的 GPS 终端机以及 GSM 通信网络组成。

任务实施

为解决以下几个问题：无人驾驶汽车如何感知周围环境，如何进行自主避障，如何实现车联网的？为什么不系安全带，车内会出现报警？下雨时，刮水器为什么会自动启动？进行汽车传感器的分类与特征、在汽车中的应用等内容的学习。请根据学习内容进行信息收集、整理总结、完成工单。

1. 信息收集。到图书馆查阅相关书籍，在网络搜索相关资料，查看课本汽车传感器认知部分的内容，搜集汽车传感器的分类与特征、在汽车中的应用等方面信息。

2. 整理汇总。将搜集到的信息归纳整理，理解以下现象：无人驾驶汽车如何感知周围环境，如何进行自主避障，如何实现车联网？为什么不系安全带，车内会出现报警？下雨时，刮水器为什么会自动启动？

3. 完成任务工单，进行自我反思与评价。

任务 1.2　智能网联汽车传感器认知

——智能制造，智在必得；创新制造，制不可挡。

任务导入

某汽车销售服务中心来了一辆小鹏 G9，客户对于该车辆的智能驾驶辅助系统非常感兴趣，要求实习生小李对小鹏 G9 智能驾驶辅助系统所使用的传感器进行讲解并指出各类传感器的位置和作用，你知道小李需要学习哪些基本知识来向客户做出清晰的解释吗？

任务描述

通过学习智能网联汽车的环境感知系统，了解智能传感器的功能和特点；掌握智能传感器的组成以及特点；掌握智能传感器的应用。通过引导学生学习智能驾驶辅助系统的功能，培养学生科技创新思维。

知识链接

一、智能网联汽车传感器概述

智能网联汽车（Intelligent and Connected Vehicle，ICV）是指搭载先进的车载传感器、控制器、执行器等装置，并融合现代通信与网络技术，实现车与X（车、路、人、云等）智能信息交换、共享，具备复杂环境感知、智能决策、协同控制等功能，可实现安全、高效、舒适、节能行驶，并最终实现替代人来操作的新一代汽车。智能网联汽车环境感知系统由信息采集单元、信息处理单元和信息传输单元组成。

（1）信息采集单元　对环境的感知和判断是智能网联汽车工作的前提与基础，感知系统获取周围环境和车辆信息的实时性及稳定性，直接关系到后续检测或识别的准确性和执行有效性。

（2）信息处理单元　信息处理单元主要是对信息采集单元输送来的信号，通过一定的算法，实现对道路、车辆、行人、交通标志、交通信号灯等的识别。

智能网联汽车
传感器的认知

（3）信息传输单元　信息处理单元对环境的感知信号进行分析后，将信息送入传输单元，传输单元根据具体情况执行不同的操作，如分析后的信息确定前方有障碍物，并且本车与障碍物之间的距离小于安全车距，将这些信息送入控制执行模块，控制执行模块结合本车速度、加速度、转向角等自动调整智能网联汽车的车速和方向，实现自动避障，在紧急情况下也可以自动制动。信息传输单元把信息传输到传感器网络上，实行车辆内部资源共享，也可以把信息通过自组织网络传输给车辆周围的其他车辆，实现车辆与车辆之间的信息共享。

1. 智能传感器的功能

智能传感器是由传统的传感器和微处理器（或微计算机）相结合而构成的，它充分利用计算机的计算和存储能力，对传感器的数据进行处理，并能对它的内部行为进行调节来采集数据，智能传感器的功能有：

1）自补偿能力。通过软件对传感器的非线性、温度漂移、时间漂移、响应时间等进行自动补偿。

2）自校准功能。操作者输入零值或某一标准量值后，自校准软件可以自动地对传感器进行在线校准。

3）自诊断功能。接通电源后，可对传感器进行自检，检查传感器各部分是否正常，并可诊断发生故障的部件。

4）数据处理功能。可以根据智能传感器内部的程序，自动处理数据，如进行统计处理，剔除异常值等。

5）双向通信功能。微处理器和基本传感器之间构成闭环，微处理器不但接收、处理传感器的数据，还可将信息反馈至传感器，对测量过程进行调节和控制。

6）信息存储和记忆功能。

7）数字量输出功能。输出数字信号，可方便地和计算机或接口总线相连。

2. 智能传感器的特点

（1）高精度 通过软件可修正各种确定性系统误差（如传感器输入输出的非线性误差、幅度误差、零点误差、正反行程误差等）。可适当地补偿随机误差、降低噪声，提高传感器精度。

（2）高可靠性 集成传感器系统小型化，消除了传统结构的某些不可靠因素。具有自诊断、校准和数据存储功能（对于智能结构系统还有自适应功能）。

（3）多功能化 智能传感器可以实现多传感器多参数综合测量，具有自适应能力，根据检测对象或条件的改变可相应地改变量程及输出数据的形式。具有多通信接口功能，有多种数据输出形式（如 RS232 串行输出，PIO 并行输出，IEE-488 总线输出以及经 D-A 转换后的模拟量输出等），适配各种智能传感器接口。

（4）高性价比 多功能智能传感器与单一功能的普通传感器相比，性价比明显提高，尤其是在采用单片机后更为明显。

二、智能网联汽车智能传感器系统的组成

智能网联汽车环境感知方法主要有基于单一传感器的环境感知方法、基于自组织网络的环境感知方法和基于传感器信息融合的环境感知方法。

智能网联汽车
传感器的组成

1）基于单一传感器的环境感知方法有激光雷达、视觉传感器、毫米波雷达、超声波雷达等。

2）基于自组织网络的环境感知方法有 V2X 通信技术。V2X 网联通信是结合现代通信与网络技术，实现智能驾驶车辆与外界设施以及车辆之间的互联互通、信息共享和协同控制。

3）基于传感器信息融合的环境感知方法有激光雷达＋视觉传感器，激光雷达＋毫米波雷达等。多传感器融合可以将多个传感器获取的数据、信息集中在一起综合分析以便更加准确可靠地描述外界环境，从而提高系统决策的正确性。多传感器融合是当前自动驾驶汽车采用的主流环境感知方案。

智能网联汽车环境感知传感器主要有激光雷达、毫米波雷达、超声波雷达和摄像头（广角摄像头、长焦摄像头）、惯性导航系统等，如图 1-5 所示。其在智能网联汽车上的配置与自动驾驶的级别有关，自动驾驶的级别越高，配置的传感器越多。

激光雷达用来精确测量目标的位置（距离与角度）、形状（大小）及状态（速度、姿态），从而探测、识别、跟踪目标。毫米波雷达用来测量被测物体的相对距离、相对速度、方位的高精度传感器。超声波雷达用来测量近距离和侧方障碍物距离的传感器。GPS 惯性导航利用差分 GPS 技术

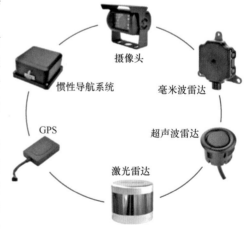

图 1-5 智能网联汽车环境感知传感器

实现智能网联汽车精确定位和导航。摄像头用来获取环境信息并建立模型实现交通标志识别、车道线的检测与识别、车辆检测、道路路沿的检测、障碍物检测、行人检测等。

1. 超声波雷达

超声波是一种频率高于 20kHz 的声波（机械波），它的方向性好、反射能力强，易于获得较集中的声能。超声波雷达外观如图 1-6 所示。

图 1-6　超声波雷达

2. 毫米波雷达

毫米波雷达（图 1-7）是指工作频段在毫米波频段的雷达，测距原理跟一般雷达一样，也就是把无线电波（雷达波）发出去，然后接收回波，根据收发之间的时间差测得目标的位置数据。

3. 激光雷达

激光雷达（Light Detection and Ranging，LiDAR）是工作在光频波段的雷达，它利用光频波段的电磁波先向目标发射探测信号，然后将接收到的同波信号与发射信号相比较，从而获得目标的位置（距离、方位和高度）、运动状态（速度、姿态）等信息，实现对目标的探测、跟踪和识别，如图 1-8 所示。

图 1-7　毫米波雷达　　　　　　　　　　　图 1-8　激光雷达

激光雷达通过发射激光光束来扫描环境，并接收反射回来的光束获取检测数据，利用飞行时间测量法（Time of Flight）获取激光发射器到物体的距离。

4. 视觉传感器

视觉传感器俗称摄像头，是指利用光学元件和成像装置获取外部环境图像信息的仪器，如图 1-9 所示。通常用图像分辨率来描述视觉传感器的性能，视觉传感器的精度和分辨率与被测物体的检测距离相关，被测物体距离越远，其绝对的位置精度越低。

5. 惯性导航系统

惯性导航系统是一种利用惯性传感器测量载体的角速度信息，并结合给定的初始条件实时推算速度、位置、姿态等参数的自主式导航系统，如图 1-10 所示。惯性导航系统基于惯性传感器的定位方法，利用陀螺仪和加速度传感器，去测量车辆的角加速度和线加速度，并将测量数据整合起来，计算出车辆相对于初始姿态的当前姿态信息。

图 1-9　视觉传感器

图 1-10　惯性导航系统

三、智能网联汽车智能传感器系统的应用

环境感知与识别传感器系统通常采用摄像头、激光雷达、毫米波雷达等多种车载传感器来感知环境。传感器能探测障碍物，如车辆、行人等。还能进行图像识别，如识别车道线、交通标识牌、交通信号灯、行人及车辆等。就 3 种传感器的应用特点来讲，摄像头和激光雷达都可用于进行车道线检测。对红绿灯的识别，主要还是摄像头来完成。而对障碍物的识别，摄像头可以通过深度学习把障碍物进行细致分类；激光雷达只能分一些大类，但能完成对物体距离的准确定位；毫米波雷达则能完成障碍物运动速度、方位等识别。

智能网联汽车传感器的应用

（1）前向碰撞预警系统（图 1-11）　前向碰撞预警系统主要利用毫米波雷达采集前向车辆或障碍物的车距、车速和方位信息，利用自身车速和加速度传感器采集车的速度、加速度等信息。

采用单目视觉传感器、双目视觉传感器、毫米波雷达及多传感器融合等识别前方车辆。采用超声波雷达、毫米波雷达、激光雷达、视觉传感器等实现车距的实时检测和识别，距离检测传感器在行车的过程中不断获取目标障碍物的距离信息，并传输给电子控制单元进行处理。

（2）盲区监测（图 1-12）　通过摄像头、毫米波雷达等车载传感器检测视野盲区内有无来车，在左右两个后视镜内或其他地方提醒驾驶人后方安全范围内有无来车，从而消除视线盲区，提高行车安全性。

图 1-11　前向碰撞预警系统

图 1-12　盲区监测

（3）驾驶人疲劳预警　利用 CCD 摄像头和车载传感器检测汽车行驶状态，间接推测驾驶人的疲劳状态。监视并提醒驾驶人自身的疲劳状态，减少驾驶人疲劳驾驶的潜在危害。

（4）自适应巡航控制（图 1-13）　自适应巡航控制主要是利用毫米波雷达来检测，它可以按照设定车速或距离跟随前面的车辆，或者根据前面的车速主动控制车辆的行驶速度，最终使车辆与前面的车辆保持安全距离。

（5）泊车辅助（图 1-14） 泊车辅助是汽车泊车或者倒车时的安全辅助装置，目前主流的是倒车摄像头和车载显示器组成的泊车辅助系统，从而使倒车更安全，也有些泊车辅助系统是由超声波雷达（俗称探头）、控制器和显示器（或蜂鸣器）等部分组成。

图 1-13 自适应巡航控制

图 1-14 泊车辅助

（6）自动制动辅助 自动制动辅助从毫米波雷达探测到前方车辆开始，持续监测与前车之间的距离以及前车的车速，同时从总线获取本车的车速信息，通过简单的运算，结合对普通驾驶人反应能力的研究，判断当前形势并做出合适的应对。

任务实施

为帮助客户掌握智能网联汽车传感器的相关知识，小李从智能网联传感器的定义与特点、智能传感器的组成以及各类传感器的特性、智能传感器的应用等方面，进行智能网联汽车传感器的学习。与客户沟通，进行信息收集、知识讲解。

1）信息收集。与客户沟通，记录客户信息和车辆信息；进行智能传感器位置的介绍和记录。

2）知识讲解。收集相关的传感器信息，查找智能网联汽车智能传感器的定义与特点、组成、特性及应用等内容。

3）完成任务工单，进行自我反思与评价。

拓展知识

安全气囊之前排侧气囊

前排侧气囊一般安装在前排座椅外侧，目的是减缓侧面撞击造成的伤害，隔离躯干与门板直接碰撞。能够有效地保护前排乘客的安全，部分高端或者高配车型，都装备了前排侧气囊。

前排侧气囊安装在前排车座上靠近窗户的一边。一般车上有 7 个传感器，当传感器检测到车辆受到侧面撞击的时候将会自动打开安全气囊，保护驾驶人或者副驾驶位的安全。安全气囊主要由传感器、微处理器、气体发生器和气囊等部件组成。传感器和微处理器用以判断撞车程度，传递及发送信号；气体发生器根据信号指示产生点火动作，点燃固态燃料并产生气体向气囊充气，使气囊迅速膨胀，气囊容量一般在 50~90L。

安全气囊作为一项被动安全装置，保护效果已经被人们普遍认识，有关安全气囊的第
1 个专利始于 1958 年。1970 年就有厂家开始研制可以减轻碰撞事故中乘员伤害程度的安
全气囊；20 世纪 80 年代，汽车生产厂家开始逐渐装用安全气囊；进入 20 世纪 90 年代，
安全气囊的装用量急剧上升；进入 21 世纪以后，汽车上普遍都装有安全气囊。研究表
明，有气囊装置的轿车发生正面撞车时，驾驶人的死亡率，大型轿车降低了 30%，中型
轿车降低了 11%，小型轿车降低了 20%。

项目小结

通过本项目对传感器的定义、特性和应用等的学习，对汽车传感器的概念、分类与特
性、在汽车中的应用的学习，了解了汽车传感器的分类情况，熟悉了汽车传感器在汽车中的
应用，掌握了汽车传感器按功能进行分类的具体情况；熟悉了智能网联汽车传感器的类型与
应用。树立了热爱生活，热爱学习的意识；树立了严谨的工作态度、团队合作意识、规则意
识；树立了探索意识和创新意识。

习　题

1. 传感器由＿＿＿＿＿、＿＿＿＿＿和＿＿＿＿＿3 部分组成。
2. 汽车各种传感器按其使用功能可分为两类；一类是＿＿＿＿＿，如温度、车速、发
动机转速、液体压力传感器等；另一类是＿＿＿＿＿，如节气门位置传感器、轮速传感器、
减速度传感器、偏航率传感器等。
3. 汽车传感器在汽车发动机控制方面的应用有哪些？
4. 简述超声波雷达、毫米波雷达和激光雷达的区别。
5. 视觉传感器根据应用功能不同，分为＿＿＿＿、＿＿＿＿、＿＿＿＿、＿＿＿＿。

项目 2
汽车温度传感器与气体传感器

项目目标

素养目标

1. 提升独立思考、处理和分析问题的能力。
2. 提升动手实践操作能力。
3. 树立严谨的工作态度、团队合作意识和岗位职责意识。

知识目标

1. 了解空气流量传感器的不同分类。
2. 掌握空气流量传感器的结构。
3. 了解温度传感器的分类。
4. 掌握不同种类温度传感器的结构。

技能目标

1. 能对常见空气流量传感器进行检测。
2. 能对各类温度传感器进行检测。

任务 2.1　汽车温度传感器识别与检测

——警示高温，重视安全，循序渐进，精益求精。

任务导入

客户李先生的混动卡罗拉报发电机温度传感器辅助蓄电池短路或开路故障码，经过技师排查诊断认为可能是电动机温度传感器的故障，李先生想向技师了解什么是温度传感器，电动机温度传感器和他之前维修过的冷却液温度传感器是否一样。作为技师应该如何解决李先生提出的关于各类温度传感器识别和检测的内容，并且帮助李先生进行电动机温度传感器的检测呢?

任务描述

温度传感器的认知

通过对温度传感器的种类、结构、工作原理以及检测过程的学习,要求学生能够熟记各类温度传感器的控制原理和电路;能够使用故障诊断仪、万用表等工具;能够使用工具和仪表进行温度传感器的检测;能够完成各类温度传感器的认知与检测;树立严谨的工作态度、团队合作意识和岗位职责意识;提升实践操作能力。

知识链接

温度传感器的种类很多,目前在汽车上应用的温度传感器主要有热敏电阻式温度传感器、热电耦式温度传感器、热敏铁氧体式温度传感器,其中又以热敏电阻式温度传感器的应用最为广泛。常用的热敏电阻有负温度系数 NTC(Negative Temperature Coefficient)型和正温度系数 PTC(Positive Temperature Coefficient)型。汽车上普遍采用 NTC 型热敏电阻式温度传感器,如汽车上的冷却液、进气管、蒸发器出口、车内外等处。

一、热敏电阻式温度传感器

NTC 热敏电阻式温度传感器是一种热敏电阻探头,是利用导体或半导体的电阻率随温度的变化而变化的原理制成的。NTC 热敏电阻式温度传感器的结构如图 2-1 所示。

1. 冷却液温度传感器

冷却液温度传感器(Coolant Temperature Sensor,CTS)通常安装在发动机冷却液出水管道上,与发动机冷却液接触。用于将发动机冷却液温度信号变换为电信号输入发动机 ECU,以便 ECU 修正喷油时间和点火时间,使发动机处于最佳工作状态。冷却液温度传感器有两端子式和单端子式两种,主要由热敏电阻、连接导线和壳体等组成。其实物如图 2-2 所示,冷却液温度传感器采用负温度系数的热敏电阻制成,即当冷却液温度较低时,传感器的电阻较大,而当冷却液温度升高时,传感器的电阻明显变小。

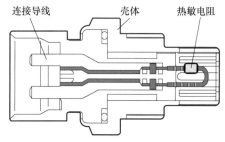

图 2-1　NTC 热敏电阻式温度传感器

图 2-2　冷却液温度传感器

2. 进气温度传感器

进气温度传感器(Intake Air Temperature Sensor,IATS)通常安装在空气滤清器之后的进气软管上或空气流量传感器内、节气门附近或进气歧管上，有的还在空气流量传感器和谐振腔上各安装一个，目的是提高喷油器的控制精度。其功用是将发动机进气温度信号变换为电信号输入发动机 ECU，以便 ECU 修正喷油量。进气温度传感器的外形如图 2-3 所示，其主要由绝缘套、外壳、防水插座、铜垫圈、热敏电阻等组成。

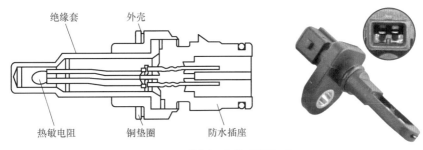

图 2-3　进气温度传感器外形

3. 排气温度传感器

排气温度传感器安装在汽车排气装置的三元催化转化器上，用以检测转化器内的排气温度。其安装位置如图 2-4 所示。

当排气温度过高时，排气温度传感器将这种温度信号以电信号的形式输入给 ECU，ECU 经过分析处理后启动异常高温报警系统。使排气温度报警指示灯点亮，从而向驾驶人发出报警。

4. 车内、车外温度传感器

车内、车外空气温度传感器用于检测车内、车外的空气温度，为汽车空调控制系统控制车内温度提供信息。车内、车外空气温度传感器均与

图 2-4　排气温度传感器安装位置

空调系统中的设定电位计串联，空调控制系统根据检测到的车内、车外空气的温度控制空调压缩机的运转，保持车内温度在设定范围内。车外空气温度传感器一般安装在汽车前部，车内空气温度传感器一般安装在车内仪表板下部，后部的车内温度传感器安装在车内后风窗玻璃下部，以精确感知车内的温度。车内、车外温度传感器的位置及外形如图 2-5 所示。

5. 空调蒸发器温度传感器

空调蒸发器温度传感器用来检测蒸发器表面温度，以控制空调压缩机的工作状况，它的工作温度范围是 20~60℃。蒸发器温度传感器安装在空调蒸发器片上，如图 2-6 所示。

6. 混合动力汽车蓄电池温度传感器

（1）混合动力汽车蓄电池温度传感器的原理　混合动力汽车蓄电池温度传感器用来检测蓄电池的温度。ECU 根据蓄电池温度信号控制蓄电池冷却风扇，蓄电池温度高于预定值时，冷却风扇旋转。混合动力汽车蓄电池温度传感器一共有 4 个。蓄电池进气温度传感器安装在蓄电池上，其安装位置如图 2-7 所示。

（2）混合动力汽车蓄电池温度传感器的检测　混合动力汽车蓄电池温度传感器外形及与蓄电池智能单元连接电路如图 2-8 所示。该温度传感器与其他温度传感器的检测过程是相同的。

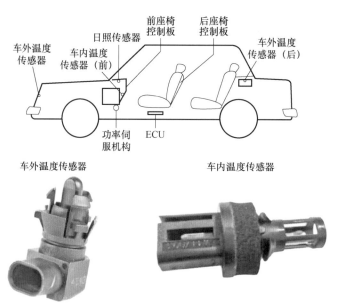

图 2-5　车内、车外温度传感器的位置及外形

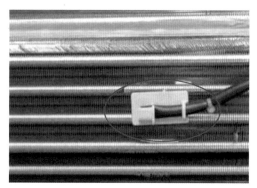

图 2-6　蒸发器温度传感器的位置

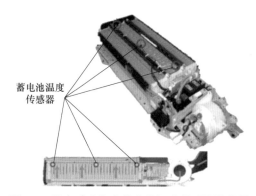

图 2-7　混合动力汽车蓄电池温度传感器的位置

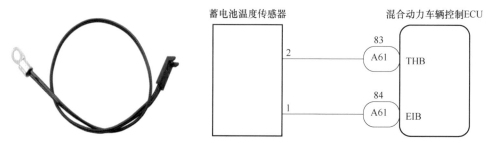

图 2-8　混合动力汽车蓄电池温度传感器外形及电路连接

混合动力汽车蓄电池温度传感器的检测步骤：

1）检测电阻。关闭点火开关，断开蓄电池温度传感器插接器，用万用表或检测仪连接传感器的两个端子，并测量两个端子间在不同温度下的电阻。电阻应符合规定标准值。若不符，则须更换辅助电池温度传感器。

2）电源电压的检测。拆下蓄电池温度传感器的插头，在线束侧两端子上应能检测到 5V 的直流电压，否则说明线束不良或 ECU 存在故障。

7. 混合动力汽车辅助蓄电池温度传感器

（1）混合动力汽车辅助蓄电池温度传感器工作原理　辅助蓄电池温度传感器用来检测辅助蓄电池温度。ECU 根据辅助蓄电池温度信号调节 DC/DC 变换器（直流 - 直流）的输出电压。辅助蓄电池温度高时，混合动力汽车控制 ECU 根据此信号减小充电电流以保护辅助蓄电池。

辅助蓄电池温度传感器是运用负温度系数电阻制成的。内置于辅助蓄电池温度传感器的热敏电阻的电阻值随辅助蓄电池温度的改变而改变。辅助蓄电池温度越低，热敏电阻的电阻就越大。反之，温度越高，电阻越小。

（2）辅助蓄电池温度传感器的检测　辅助蓄电池温度传感器电路及安装位置如图 2-9 所示。辅助蓄电池温度传感器连接到 ECU 上，ECU 的端子 THB 通过内部电阻器向辅助蓄电池温度传感器施加 5V 的电压，电阻器和辅助蓄电池温度传感器串联端子 THB 的电压和电阻值随辅助蓄电池温度的变化而变化。辅助蓄电池温度高时，ECU 根据此信号减小充电电流以保护辅助蓄电池。

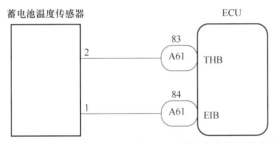

图 2-9　辅助蓄电池温度传感器电路及安装位置

辅助蓄电池温度传感器的检测步骤：

1）关闭点火开关，断开蓄电池温度传感器插接器，用万用表或检测仪连接传感器的两个端子，并测量两个端子间在不同温度下的电阻。电阻应符合规定标准值，如图 2-10 所示。若不符，则须更换辅助电池温度传感器。

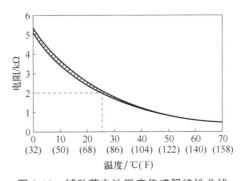

图 2-10　辅助蓄电池温度传感器特性曲线

2）电源电压的检测。拆下车内温度传感器的插头，在线束侧两端子上应能检测到 5V 的直流电压，否则说明线束不良或 ECU 存在故障。

8. 混合动力汽车电动机温度传感器

（1）混合动力汽车电动机温度传感器工作原理　温度传感器是电动机的组成部分，在运行时，电动机线圈不允许超过某一温度值，温度传感器通过监控其中一个线圈内的温度代表所有线圈。如果温度升高且接近最大允许温度，则电动机电子伺服控制系统（EME）就会降低电动机功率，以避免电动机热过载。

（2）混合动力汽车电动机温度传感器的检测　混合动力汽车电动机温度传感器与 ECU 的连接电路如图 2-11 所示。检测方法同其他负温度系数传感器，其特性曲线如图 2-12 所示。

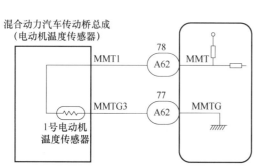

图 2-11　电动机温度传感器与 ECU 的连接电路

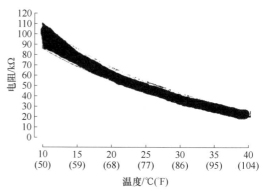

图 2-12　电动机温度传感器特性曲线

二、热敏铁氧体温度传感器

热敏铁氧体温度传感器主要是依据冷却液温度信号来控制散热器的冷却风扇工作。当冷却液温度低于规定值时，该传感器舌簧开关闭合，风扇继电器触点断开，风扇停止运转；当冷却液温度高于规定值时，舌簧开关断开，风扇继电器触点闭合，风扇开始运转。

1. 热敏铁氧体温度传感器的结构和安装位置

热敏铁氧体温度传感器主要由永久磁铁、舌簧开关、热敏铁氧体等组成，其结构如图 2-13 所示。热敏铁氧体温度传感器常安装在散热器冷却液的循环通路上，如图 2-14 所示。

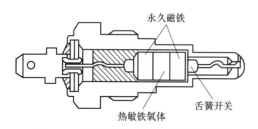

图 2-13　热敏铁氧体温度传感器的结构

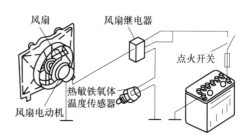

图 2-14　热敏铁氧体温度传感器的安装位置

2. 热敏铁氧体温度传感器的检测

当散热器冷却风扇在发动机的冷却液温度值高于规定温度时仍不运转，则说明散热器冷却风扇的工作电路出现故障。则应检查散热器冷却风扇工作电路。首先检查线路连接情况，检查有无断路、短路情况，其次检查风扇继电器的工作情况、热敏铁氧体温度传感器的工作情况。

热敏铁氧体温度传感器的检测为：拆下热敏铁氧体温度传感器，将其置于水杯中进行加热，并用万用表连接好，在加热的同时检查传感器的工作情况。当冷却液温度低于规定温度时，热敏铁氧体温度传感器舌簧开关闭合，传感器导通，万用表电阻档应指示为 0；在冷却液温度高于规定值时，热敏铁氧体温度传感器舌簧开关断开，传感器不导通，万用表电阻档应指示为 ∞。否则说明热敏铁氧体温度传感器已损坏，应更换新品。

任务实施

为帮助李先生解决温度传感器的故障问题，维修技师从温度传感器的分类、温度传感器的结构原理、温度传感器的检测等方面对温度传感器进行了系统化的学习。与客户沟通，完成信息收集、故障排查、制订解决方案并完成任务工单。

1）信息收集。与客户沟通，记录客户信息和车辆信息；进行车况检查并记录。

2）故障排查。观察各类温度传感器的结构，通过各类传感器的工作原理和作用，分析故障现象产生的原因，查阅温度传感器的资料，熟记各类温度传感器的控制电路，根据控制电路对温度传感器进行检测。

3）制订解决方案。根据故障排查情况，制订维修解决方案。

4）完成任务工单，进行自我反思与评价。

任务 2.2　汽车空气流量传感器识别与检测

——黄沙百战穿金甲，不破楼兰终不还。

任务导入

客户李女士来到某汽车销售服务中心进行车辆维修，经过检测发现该车的空气流量传感器出现故障。实习生小李作为维修团队人员，对业务还不熟悉，小李的师傅要求小李进行空气流量传感器知识的学习，帮助李女士查找该故障出现的原因，制订解决方案。

任务描述

通过对空气流量传感器的学习，提升独立思考、分析和处理问题的能力；了解空气流量传感器的不同类型；掌握空气流量传感器的基本结构和特点；掌握不同类型空气流量传感器的工作原理；能够对空气流量传感器常见故障进行检测。

知识链接

一、空气流量传感器的概述

汽车空气流量
传感器的认知

1. 空气流量传感器的作用

空气流量传感器是测定吸入发动机的空气流量大小的传感器。空气流量传感器（Air Flow Sensor，AFS）又称为空气流量计（Air Flow Meter，AFM），也是进气歧管空气流量传感器（Manifold Air Flow Sensor，MAFS）的简称，其功用是检测发动机进气量的大小，并将空气流量信号转换成电信号输入电控单元，以供 ECU 计算、确定喷油时间和点火时间。空气流量信号是发动机 ECU 计算喷油时间和点火时间的主要依据。如果空气流量传感器或电路出现故障，ECU 得不到正确的进气量信号，就不能正常地进行喷油量的控制，从而造成混合气过浓或过稀，使发动机运转不正常。

2. 空气流量传感器的类型

根据检测进气量的方式不同，空气流量传感器分为D型（即压力型）和L型（即流量型）两种类型。

D 型空气流量传感器是利用压力传感器检测进气歧管内绝对压力的传感器。测量进气量的方法属于间接测量方法。D 型空气流量传感器可以安装在汽车上的任何部位，只需用导压管将节气门至进气歧管之间的进气压力引入传感器即可。

L 型空气流量传感器是利用流量传感器直接测量吸入进气管空气流量的传感器。L 型空气流量传感器安装在空气滤清器至节气门之间的进气通道上。因为采用直接测量方法，所以进气量的测量精度较高。L 型空气流量传感器又分为体积流量型和质量流量型两种类型。在质量流量型传感器中，热膜式空气流量传感器的使用寿命远远长于热丝式空气流量传感器，因此国产桑塔纳 3000、帕萨特、别克系列车型均采用了热膜式空气流量传感器。

二、空气流量传感器的结构

1. 热丝式空气流量传感器

热丝式空气流量传感器在进气道中套有一个小喉管，在小喉管中架有两个极细的铂丝（直径为 0.01~0.05mm），如图 2-15 所示。其中一个铂丝被电流加热至 120℃ 左右，故称之为热丝；另一个是温度补偿电阻，也称为冷线。

热丝式空气流量传感器的优点是测量精度高、响应速度快、进气阻力小、不会磨损。其缺点是使用一段时间后，热丝表面受空气中尘埃的沾污，热辐射能力降低，影响测量精度。由于热丝很细且暴露在空气中，在空气高速流动时，空气中的沙粒很容易击断热丝，因此目前已较少使用。

图 2-15　热丝式空气流量传感器

2. 热膜式空气流量传感器

热膜式空气流量传感器是热丝式空气流量传感器的改进型（大众 CC、新帕萨特），它的发热体是热膜（由发热金属铂固定在薄的树脂膜上制成），而不是热丝。热膜式空气流量传感器发热体不直接承受空气流动所产生的作用力，增加了发热体的强度，提高了传感器的可靠性。同时与热丝式空气流量传感器相比，热膜式空气流量传感器的热膜电阻的阻值较大，消耗电流较小，使用寿命也较长。但是由于其发热元件表面的一层保护薄膜存在辐射热传导作用，因此响应特性稍差。

热膜式空气流量传感器的外形如图 2-16 所示。热膜式空气流量传感器内部的进气通道上设有一个矩形护套（相当于取样套），热膜电阻设在护套中。为了防止污物沉积到热膜电阻上影响测量精度，在护套的空气入口一侧设有空气过滤层，用以过滤空气中的污物。为了防止空气温度变化使测量精度受到影响，在热膜电阻附近的气流上游设有铂金属膜式温度补偿电阻。温度补偿电阻和热膜电阻与传感器内部控制电路连接，控制电路与线束插接器插座连接，线束设在传感器壳体中部。

3. 热阻式空气流量传感器结构

热阻式空气流量传感器和热膜式空气流量传感器相似，如图 2-17 所示。由于热阻式空气流量传感器热丝被固定，故热丝使用寿命延长，但由于热阻面积很小，只能部分采集空气流量，要求空气通道内空气流速均匀，所以常在进气侧安装梳流格栅。

图 2-16　热膜式空气流量传感器的外形

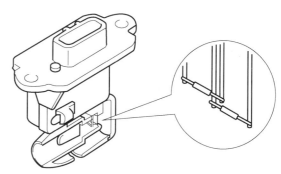

图 2-17　热阻式空气流量传感器

热膜式和热阻式空气流量传感器可靠、耐用，是目前轿车发动机上使用最多的空气流量传感器。

🏠 任务实施

为帮助李女士解决空气流量传感器的故障问题，小李从空气流量传感器的不同类型、空气流量传感器的基本结构和特点、不同类型空气流量传感器的工作原理等方面，进行了空气流量传感器的学习。与客户沟通，完成信息收集、故障排查、制订解决方案并完成任务工单。

1）信息收集。与客户沟通，记录客户信息和车辆信息；进行车况检查并记录。

2）故障排查。观察李女士车型所使用的空气流量传感器的型号，查阅该种类型空气流

汽车空气流量
传感器的检测

量传感器的技术参数等资料。根据技术参数对该空气流量传感器进行检测，并确定相应端子的相关电信号是否正常，从而分析出故障原因。

3）制订解决方案。根据故障排查情况，制订维修解决方案。

4）完成任务工单，进行自我反思与评价。

任务2.3　汽车气体浓度传感器识别与检测

——博观而约取，厚积而薄发。

任务导入

客户李女士的科鲁兹轿车出现油耗偏高，发动机故障灯异常点亮等故障现象，现来到某汽车销售服务中心进行车辆维修，经过检测发现与该车的气体浓度传感器有关。实习生小李作为维修团队人员，对业务还不熟悉，小李的师傅要求小李进行汽车气体浓度传感器知识的学习，帮助李女士查找该故障出现的原因，制订解决方案。

任务描述

通过对氧传感器、氮氧化物传感器、空气质量传感器和烟雾浓度传感器等汽车气体浓度传感器的学习，提升独立思考、处理和分析问题的能力；了解不同类型的传感器；掌握各类传感器的基本结构和特点；掌握各类传感器的工作原理；能够对相关传感器常见故障进行检测。

知识链接

一、氧传感器

1. 氧传感器的作用和类型

汽车气体浓度
传感器的认知

现在的三元催化转化器大都安装在排气歧管近端，以便更有效地净化排气中的 CO、HC 和 NO_x 3 种主要的有害成分。但三元催化转化器只能在混合气的空燃比接近理论值的一个窄小范围内才能有效地起到净化作用。故在排气管中安装氧传感器（图 2-18），其功用是通过监测排气中氧离子的含量来获得混合气的空燃比信号，并将空燃比信号转变为电信号输入发动机 ECU。ECU 根据氧传感器信号对喷油时间进行修正，实现空燃比反馈控制（闭环控制），从而将过量空气系数（λ）控制在 0.98~1.02 之间（空燃比 A/F 约为 14.7），使发动机得到最佳浓度的混合气，从而达到降低有害气体排放量和节约燃油的目的。

目前使用的氧传感器有氧化锆（ZrO_2）式和氧化钛（TiO_2）式两种，其中应用最多的是氧化锆式氧传感器。氧化锆式氧传感器又分为加热型与非加热型氧传感器两种，常用的一般为加热型传感器。

2. 二氧化锆式氧传感器（电压型）

二氧化锆式氧传感器的基本元件是二氧化锆陶瓷管（固体电解质），陶瓷体制成管状，因此亦称锆管，如图 2-19 所示。

图 2-18　氧传感器的安装位置

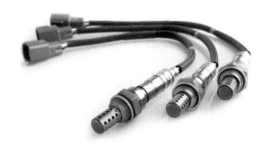

图 2-19　氧传感器的结构

3. 氧化钛式氧传感器（电阻型）

氧化钛式氧传感器是利用二氧化钛（TiO_2）材料的电阻值随排气中氧含量的变化而变化的特性制成的，故又称电阻型氧传感器。二氧化钛式氧传感器的外形和氧化锆式氧传感器相似。在传感器前端的护罩内是一个二氧化钛厚膜元件（图 2-20）。纯二氧化钛在常温下是一种高电阻的半导体，但表面一旦缺氧，其晶格便出现缺陷，电阻随之减小。由于二氧化钛的电阻也随温度不同而变化，因此，在二氧化钛式氧传感器内部也有一个电加热器，以保持氧化钛式氧传感器在发动机工作过程中的温度恒定不变。

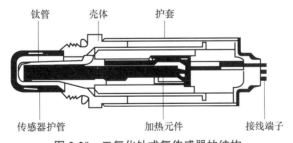

图 2-20　二氧化钛式氧传感器的结构

二、氮氧化物（NO_x）传感器

为了降低汽车尾气中 NO_x 的排放量，在汽车上加装 NO_x 传感器。NO_x 传感器被直接拧紧在氮氧化物存储式催化转化器的后面，用来确定废气中氮氧化物和氧气的残留量并把此信号传送给氮氧化物控制单元。其作用如下：

① 识别和检查三元催化转化器的功能是否正常。

② 识别和检查三元催化转化器前端宽域型氧传感器调节点是否正常或是否需要修正。

③ 检测 NO_x 传感器产生的信号是否被传送至 NO_x 传感器控制单元。

④ NO_x 传感器检测到 NO_x 存储式催化转化器的存储空间达到饱和时，就会提供给 ECU 信号，使发动机在短时间内生成更浓的混合气体，使排气温度升高，转化器涂层便开始释放氮氧化物，氮氧化物会随之被转化为无害氮气。

NO_x 传感器的结构如图 2-21 所示。

NO_x 传感器控制单元常安装于汽车底板外部，在 NO_x 传感器附近对传感器信号进行预加工，然后将该信号经 CAN 总线传至发动机控制单元，发动机控制单元通过该信号来识别所存储的 NO_x 的饱和程度，执行还原过程，如图 2-22 所示。

三、空气质量传感器

空气质量传感器也称多功能传感器，是众多汽车全自动分区空调系统的组成部分，主要用于测量空气中的水分、环境温度、外界空气污染程度（外部空气中可氧化或可还原的有害气体）。

空气质量传感器连同新鲜空气进气道温度传感器 G89 一起安装在通风室的新鲜空气进气区域，如图 2-23 所示。

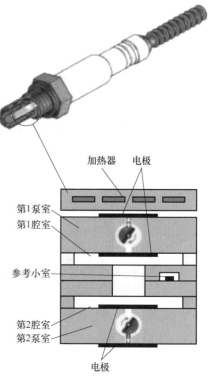

图 2-21 NO_x 传感器的结构

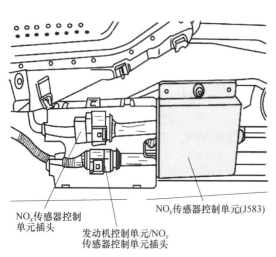

图 2-22 NO_x 传感器的安装位置示意图

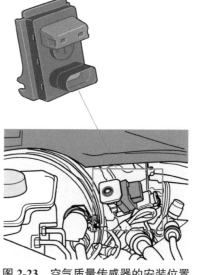

图 2-23 空气质量传感器的安装位置

空气质量传感器能够通过感应化学物质（如 NO、NO_2 和 CO）检测空气污染，如图 2-24 所示。

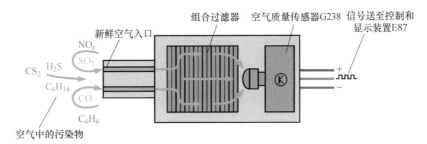

图 2-24　空气质量传感器检测空气污染

四、烟雾浓度传感器

烟雾浓度传感器是与空气净化器配套使用的装置，用于检测烟雾，当烟雾浓度传感器从乘员室内感知到烟尘的存在时，可自动地启动空气净化器，没有烟尘时空气净化器自动停止运转，从而使乘员室内空气始终保持清新。

烟雾浓度传感器是由发光元件、光敏元件及信号处理电路组成的，其结构如图 2-25 所示，安装在车室顶篷上室顶灯的旁边。

当空气进入烟雾浓度传感器壳体的窄缝后，可以自由地流动，发光元件（发光二极管LED）间歇地发出肉眼不可见的红外线光。空

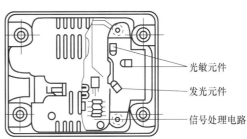

图 2-25　烟雾浓度传感器的结构

气中没有烟雾时，这种红外线光射不到光敏元件上，电路不工作；当烟雾等进入烟雾浓度传感器的壳体内时，烟雾粒子对间歇的红外光进行漫反射，使部分红外线光照射到光敏元件上，这时传感器判断出车内有烟雾的存在，空气净化器会自动启动。

为了防止外部干扰引起烟雾浓度传感器的误动作，传感器的控制电路采用了脉冲振荡式工作方式，这样即使有相同波长的红外线射入到烟雾浓度传感器内，因其脉冲周期不同，传感器也不能做出有烟雾的判断。另外在烟雾浓度传感器控制电路中还包含有定时、延时电路，若没有或只有少量的烟雾，鼓风机一旦动作起来，也只能连续旋转 2min 后而停止工作。

任务实施

为帮助李女士解决汽车气体浓度传感器相关故障问题，小李从气体浓度传感器的不同类型、各类传感器的基本结构和特点、不同类型传感器的工作原理等方面，进行相关传感器知识的学习。与客户沟通，完成信息收集、故障排查、制订解决方案并完成任务工单。

1）信息收集。与客户沟通，记录客户信息和车辆信息；进行车况检查并记录。

汽车气体浓度传感器的检测

2）故障排查。观察李女士车型所使用的空气流量传感器的型号，查阅该种类型空气流量传感器技术参数等资料。根据技术参数对相关传感器进行检测，并确定相应端子的相关电信号是否正常，从而分析出故障原因。

3）制订解决方案。根据故障排查情况，制订维修解决方案。

4）完成任务工单，进行自我反思与评价。

项目 3
汽车压力传感器、爆燃传感器与碰撞传感器

项目目标

素养目标

1. 建立独立思考、处理和分析问题的能力。
2. 树立持之以恒、精益求精的工作精神。
3. 培养协同创新的精神。

知识目标

1. 了解汽车压力传感器、爆燃、碰撞传感器的作用。
2. 掌握压力传感器的分类、结构。
3. 掌握爆燃传感器、碰撞传感器的分类、结构及工作原理。

技能目标

1. 会用万用表对不同类型的压力传感器进行检测。
2. 掌握碰撞传感器检测的注意事项。
3. 会用专用仪器对碰撞传感器进行检测。

任务 3.1　汽车压力传感器识别与检测

——心怀诚信，手握诚实，细微处显精益，产品上见良心。

任务导入

客户李先生来到某汽车销售服务中心进行车辆维修，检测发现车辆的进气压力传感器出现故障，导致燃料不充足，回火，动力不足，加速无力，甚至起动困难。你作为维修人员根据所学传感器知识，诊断出现故障的原因，制订解决方案。

通过对汽车压力传感器的学习，培养学生善于思考、精益求精的精神；学习汽车压力传感器的定义及分类；掌握机油压力开关、进气压力传感器、涡轮增压压力传感器、大气压力传感器、蓄能器压力传感器、共轨压力传感器等的结构及工作原理；掌握压力传感器的检测方法。

知识链接

压力传感器的认知

一、汽车压力传感器的定义

汽车压力传感器常用来检测气体压力和液体压力，并将压力信号转变为电压信号输入给控制单元，以控制执行元件的工作。压力传感器是靠测定压力差来工作的，检测过程中的基准压力通常都是指大气压。汽车中的压力传感器很多，主要有进气歧管压力传感器、大气压力传感器、机油压力传感器、胎压检测传感器等。

二、压力传感器的分类

1. 进气压力传感器

进气压力传感器（也称进气歧管绝对压力传感器或 MAP），用在缸内直喷汽油喷射系统和 D 型汽油喷射系统，其根据发动机的负荷状态测出进气歧管内压力的变化，并通过电路的连接转化为电信号和转速信号一起输入汽车电控单元（ECU），作为确定喷油器喷油量的基本依据。进气压力增大，喷油量增大，点火提前角变小。

进气压力传感器的种类较多，按其信号的产生原理可以分为电压型和频率型两种。电压型的又可分为半导体压敏电阻式和膜盒传动可变电感式；频率型的可分为电容式和表面弹性波式。其中以半导体压敏电阻式应用最多。

（1）半导体压敏电阻式进气压力传感器 半导体压敏电阻式进气压力传感器的结构如图 3-1 所示。它是利用半导体的压阻效应制成的，主要由硅片、绝对真空泵、电路转换器（IC 放大器）等组成。

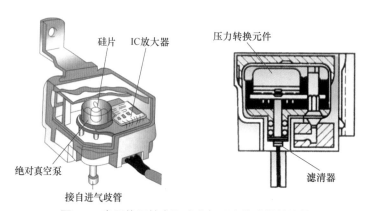

图 3-1 半导体压敏电阻式进气压力传感器的结构

（2）电容式进气压力传感器　电容式进气压力传感器的结构如图 3-2 所示，它是将氧化铝膜片和底板彼此靠近排列，形成电容，利用电容随膜片上下压力差的变化而改变的性能，获取与压力成正比的电容值信号。将电容（为压力转换元件）连接到传感器混合集成电路的振荡电路中，传感器能够产生可变频率的信号，且该信号的输出频率（为 80~120Hz）与进气歧管的绝对压力成正比。电控装置 ECU 可根据传感器输入信号的频率来感知进气歧管绝对压力的大小，进而对发动机的喷油量进行控制。

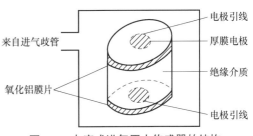

图 3-2　电容式进气压力传感器的结构

2. 大气压力传感器

大气压力传感器用于检测大气压力的变化，并将变化的压力信号输入给 ECU，实现 ECU 对喷油量和点火时间的修正。大气压力传感器一般安装在空气流量计内部或者前保险杠内，如图 3-3 所示。

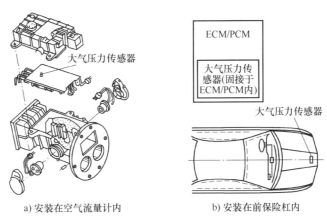

a) 安装在空气流量计内　　　　b) 安装在前保险杠内

图 3-3　大气压力传感器的安装位置

3. 发动机机油压力传感器

机油压力传感器的作用是向 ECU 通报发动机机油主油道的压力，当机油压力低于期望值时，ECU 将启用降低发动机转速和功率的保护功能，来调节发动机的转速和功率。当传感器检测到机油压力异常时，ECU 将使仪表板上的红色警告灯闪亮，向驾驶人发出报警信号，有些发动机或汽车还可能伴有蜂鸣声。

机油压力传感器通常通过螺纹拧入缸体的油道内，其内有一个可变电阻，一端输出信号，另一端和搭铁的滑动臂连接。当油压增高时，压力通过润滑油道接口推动膜片弯曲，膜片推动滑动触臂移动到低电阻位置，输出电流增大；油压降低时，情况正好相反，如图 3-4 所示。

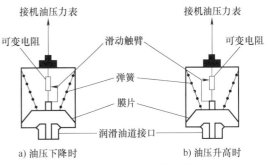

a) 油压下降时　　　　b) 油压升高时

图 3-4　机油压力传感器

4. 蓄能器压力传感器

蓄能器压力传感器用于检测牵引力控制系统（TRC）蓄能器油液压力，它一般安装在油压控制组件的上方，如图 3-5 所示。蓄能器压力传感器由压力检测部分、电路部分等组成，压力检测部分以半导体压敏元件为测量元件。当油液压力低时，它向 ECU 输入低油压信号，以便启动油泵，使之运转；当油液压力过高时，它向 ECU 输入一个高油压信号使油泵停止运转。

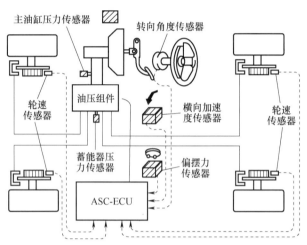

图 3-5　蓄能器压力传感器的安装位置

5. 共轨燃油压力传感器

共轨燃油压力传感器以足够的精度，在相对较短的时间内，测定共轨中的实时压力，并向 ECU 提供电信号。其结构如图 3-6 所示，燃油经过一个小孔流向共轨燃油压力传感器，传感器的膜片将孔的末端封住。高压燃油经压力室的小孔流向膜片，膜片上装有半导体材料的压敏元件，可将压力转换为电信号，通过连接导线将产生的电信号传送到一个向 ECU 提供测量信号的求值电路。

共轨燃油压力传感器的测量元件安装于其中心部位，与硅膜制成一体，4 个变形的电阻分布在硅膜的膜片上，工作电路如图 3-7 所示。

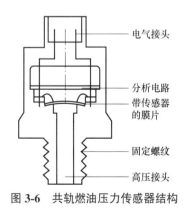

图 3-6　共轨燃油压力传感器结构　　　　图 3-7　共轨燃油压力传感器工作电路

6. 轮胎压力传感器

轮胎压力监控系统如图 3-8 所示，主要用于汽车行驶时对轮胎气压进行实时自动检测，对轮胎漏气和低气压进行报警，最大限度地减少或消除高压爆胎和低压碾胎造成的轮胎早期的损坏，延长轮胎的使用寿命，保障行车安全。

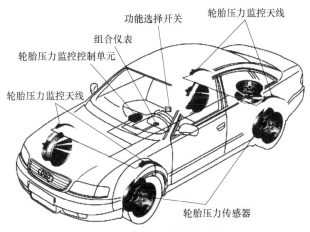

图 3-8　轮胎压力监控系统

轮胎压力传感器的组成如图 3-9 所示，主要由轮胎压力警告阀和发射器、密封垫、轮胎气门芯、锂离子蓄电池、传感器和发射器等组成。

图 3-9　轮胎压力传感器安装位置及结构

🏠 任务实施

一、半导体压敏电阻式进气压力传感器检测

以新款科鲁兹车系绝对压力传感器检测为例进行说明，新款科鲁兹绝对压力传感器电路如图 3-10 所示。

1）直观检查。检查传感器的真空管、插接器及电路，看有无松动、破损等异常现象。

2）检查传感器电源电压。接通点火开关（ON），用直流电压表测量传感器的 1# 端子与 2# 端子间的电压，应为 5V，如果电压不正常，需检查传感器与发动机控制模块 K20 之间的电路。若电路正常，则需检查 ECU 的电源和搭铁电路。

压力传感器的检测

若电路仍正常，则更换发动机控制模块 K20。

3）检测传感器信号电压。接通点火开关（ON），用直流电压表测量传感器 3# 端子与 2# 端子间的电压，应为 4V 左右。起动发动机，在发动机怠速运转时测量 3# 端子与 2# 端子间的电压，应为 1~1.5V，逐渐加大节气门开度，使发动机转速升高。同时测量传感器 3# 端子与 2# 端子之间的电压，应逐渐增大至 5V。如果测得的传感器的信号电压不正常，则需要更换传感器。

二、电容式进气压力传感器检测

福特车系电容式进气歧管压力传感器与电控单元（ECU）的连接电路如图 3-11 所示。该进气压力传感器有 3 条线与电控单元（ECU）连接。ECU 的 26# 端子向进气歧管压力传感器提供 5V 电压；46# 端子是信号回路，经 ECU 搭铁；45# 端子为进气压力传感器输出信号端子。

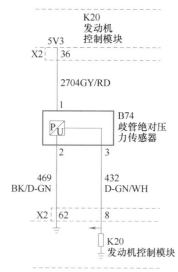

图 3-10　新款科鲁兹车系绝对压力传感器电路

1）检查真空软管连接状态，以确保无老化破裂现象。

2）打开点火开关，检查 ECU 的 26# 端子（橘／黑）与搭铁间的电压，应为 5V。

3）检测 46# 端子信号电路（黑／白），电压应为 0V，搭铁电阻不大于 50Ω。

4）检测进气压力信号电路（蓝／黄），拆下传感器插接器插头，测量 45# 端子处电压，在点火开关接通时为 0.5V。

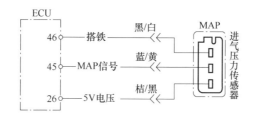

图 3-11　福特车系电容式进气歧管压力传感器与电控单元的连接电路

三、大气压力传感器检测

本田雅阁轿车采用的大气压力传感器安装在发动机电控单元（ECU）内，ECU 通过大气压力传感器输入的信号感知车辆周围海拔的变化，从而调整点火正时和燃油供给量，使发动机性能得到稳定发挥。

大气压力传感器由硅片和放大电路组成，硅片覆盖着真空室，其结构与输出电压的特性如图 3-12 所示。工作时，由发动机 ECU 向大气压力传感器提供 5V 电源并使之经传感器内部电路搭铁，真空室和大气之间的压力差引起硅片弯曲变形，产生一个低电压，经放大电路放大后，再传送给 ECU。

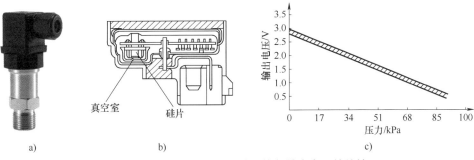

图 3-12 大气压力传感器的结构与输出电压的特性

a）外形 b）结构 c）特性

大气压力传感器的技术参数见表 3-1，若检测不符合规定，则应更换大气压力传感器。

表 3-1 大气压力传感器的技术参数

大气压力 / 进气歧管压力 /kPa	17	33	50	67	83
输出电压 /V	2.5	2.0	1.5	1.0	0.5

四、蓄能器压力传感器检测

蓄能器压力传感器与 ECU 的连接电路如图 3-13 所示。

1. 检查电源电压

1）拆下 ABS 和 TRC 的 ECU，使插接器仍连着。

2）起动发动机，使之怠速运转 30s，使 TRC 执行器油压升高到一定的数值。

3）关闭发动机，使点火开关转至"ON"位置，用万用表测量 ECU 插接器端子 PR 与 E_2 间电压，该值应为 5V，其测量过程如图 3-14 所示。检查后应向储油室内加油。

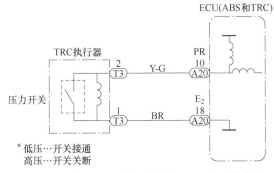

图 3-13 蓄能器压力传感器与 ECU 的连接电路

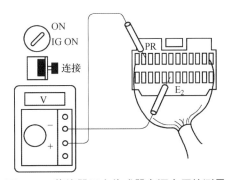

图 3-14 蓄能器压力传感器电源电压的测量

2. 检查压力开关

1）拆下压力开关导线插接器。测量压力开关（传感器）插接器端子 1 与端子 2 之间的电阻值，该值应为 0，如图 3-15 所示。

2）接好插接器，起动发动机，使之怠速运转 30s，以使 TRC 执行器压力升高到一定的数值。

3）关闭发动机，接通点火开关，测量插接器端子 1 与端子 2 之间电阻，该值应为 1.5kΩ。若检测不符合上述结果，则应更换 TRC 执行器。

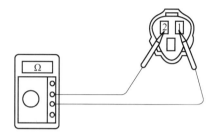

图 3-15　蓄能器压力传感器电阻值的测量

五、机油压力开关的检测

机油压力开关的检测方法如下：

1）点火开关接通后，机油压力指示灯不亮，其故障原因是油压指示灯线束脱落，或者是熔丝已熔断，或者是指示灯灯丝已烧断。

2）发动机起动后，机油压力已达规定值，指示灯仍点亮，故障原因可能是触点开关动作不良，线束搭铁。

任务 3.2　汽车爆燃传感器与碰撞传感器识别与检测

——工匠精神，也是追求极致的精神，其利虽微，却长久造福于世。

🏠 任务导入

一辆轿车安全气囊灯点亮，安全气囊控制单元存储有故障码 01221（驾驶人侧侧面安全气囊碰撞传感器 G179）、01222（副驾驶人侧侧面安全气囊碰撞传感器 G180）。作为 4S 店汽车维修工，请你排除故障。

🏠 任务描述

通过对汽车爆燃、碰撞传感器的基础知识学习，能够了解爆燃及碰撞传感器的分类；掌握压电式爆燃传感器、磁致伸缩式爆燃传感器、滚球式碰撞传感器、阻尼弹簧式碰撞传感器、偏心锤式碰撞传感器等的工作原理；会用万用表完成碰撞传感器的检测；养成自主探索和团队合作相结合的学习方式，培养学生创新思维能力，提高学生动手操作能力。

知识链接

爆燃是汽油发动机燃烧室中末端混合气自燃所造成的一种不正常燃烧现象。爆燃不但会产生尖锐的敲缸声，还会使活塞、连杆、曲轴等机械部件受到过度的冲击，造成机械损坏，并导致发动机过热，从而大大缩短发动机工作寿命。因此应对发动机的爆燃加以控制。目前常用检测发动机振动的方法来判断有无爆燃，这种方法可获得高输出信号，灵敏度高，安装简单，应用最为广泛。

碰撞传感器也被称为安全气囊传感器，用于检测汽车发生碰撞时的汽车减速度，安全气囊控制器根据碰撞传感器的信号判断汽车碰撞的强度。开关式碰撞传感器也被用作安全传感器（安全开关），串联在气囊点火器的电源电路中，用于防止气囊误爆。

爆燃与碰撞
传感器的认知

一、爆燃传感器

用于发动机机体振动检测的爆燃传感器有共振型和非共振型两大类，共振型又分为压电式和磁致伸缩式两种，非共振型为压电式。由于共振型传感器在发动机爆燃时输出的电压比较高，因此无须使用滤波器即可判别有无爆燃产生；而非共振型的爆燃传感器需经滤波器检测出爆燃的信号。现在绝大多数汽车采用共振型压电式爆燃传感器，它是利用发动机产生爆燃时，其振动频率和传感器本身的固有频率一致而产生共振的现象来检测爆燃是否产生。其输出信号为电压，电压值的大小表示爆燃的强度。爆燃传感器安装位置如图3-16所示。

图3-16　爆燃传感器安装位置

1. 压电式爆燃传感器

（1）共振型压电式爆燃传感器　共振型压电式爆燃传感器的结构主要由压电元件、振子、基座等组成，如图3-17所示。压电元件紧密地贴合在振动片上，振动片则固定在传感器的基座上。振动片随发动机的振动而振荡，波及压电元件，使其变形而产生电压信号。当发动机爆燃时的振动频率与振动片的固有频率相同时，振动片产生共振，此时压电元件将产生最大的电压信号。由于该爆燃传感器在发动机爆燃时输出的电压比较高，因此即可判别有无爆燃产生。

（2）非共振型压电式爆燃传感器　如图3-18所示，非共振型压电式爆燃传感器由配重块、压电元件、引线等组成。配重块由螺钉固定在壳体上，两个压电元件同极性相向对接，输出电压由两个压电元件的中央取出。这种传感器与共振型传感器结构的不同之处在于它内部没有振动片，但设置了一个配重块。配重块以一定的预紧力压紧在压电元件上。当发动机产生爆燃时，发动机缸体的振动传到爆燃传感器壳体上，配重块就产生一个正比于加速度的交变力，壳体与配重块之间相对运动，使夹在中间的压电元件所承受的压紧力发生变化，压电元件承受推压作用力产生电压，作为电信号输出。非共振型压电式爆燃传感器结构简单，制造时不需要调整。

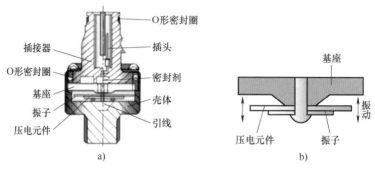

图 3-17　共振型压电式爆燃传感器
a）结构　b）工作原理

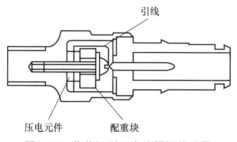

图 3-18　非共振型压电式爆燃传感器

2. 磁致伸缩式爆燃传感器

共振型磁致伸缩式爆燃传感器主要由感应线圈、伸缩杆、永久磁铁和壳体组成，如图 3-19 所示。伸缩杆由高镍合金制成，在其一端设置有永久磁铁，另一端安放在弹性部件上。感应线圈绕制在伸缩杆的周围，线圈两端引出电极与控制线路连接。

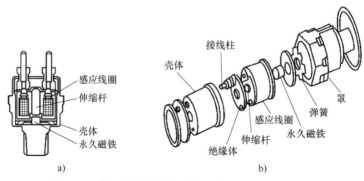

图 3-19　共振型磁致伸缩式爆燃传感器的结构与外形
a）结构　b）外形

二、碰撞传感器

碰撞传感器应用于安全气囊系统中。作用是在汽车发生碰撞时检测碰撞强度，并将信号传递给 SRS 控制单元，控制单元根据此信号决定是否引爆安全气囊气体发生器给安全气囊充气。

现代汽车碰撞传感器主要有加／减速度型，如丰田车系（减速度型）、奥迪车系（加速度型）；压力式，如奥迪前部侧面碰撞传感器；惯性式，如奥迪 Q7X/Y 轴中间碰撞传感器等。另外还有水银碰撞式、偏心锤式等，这些碰撞传感器目前已不常用。一般碰撞传感器安装在汽车的前部或侧面，有些高端车型碰撞传感器会安装在其他特定部位。

1. 滚球式碰撞传感器

滚球式碰撞传感器又称为偏压磁铁式传感器。两个触点分别与传感器的引线端子连接。传感器壳体上印制有箭头标记，方向与传感器结构有关，或规定指向汽车前方，或规定指向汽车后方，因此在安装传感器时要注意，箭头方向必须符合使用说明书的规定。

2. 阻尼弹簧式碰撞传感器

阻尼弹簧式碰撞传感器用于整体式安全气囊，装在转向盘的气囊内，一旦汽车发生碰撞，它可使点火剂点燃充气装置内的气体发生剂，使气囊充气膨胀。阻尼弹簧式碰撞传感器由球体、导向筒、点火针、触发杠杆、平衡弹簧、点火弹簧等组成。

3. 偏心锤式碰撞传感器

此传感器的转子总成由偏心锤（或偏心重块）、转动触点臂及转动触点组成，安装在传感器轴上。转动触点臂两端固定有转动触点，转动触点随转动触点臂一起转动。两个固定触点绝缘固定在传感器壳体上，并用导线分别与传感器接线端子连接。

任务实施

一、汽车爆燃传感器的检测

1）爆燃传感器电路电压的检查。关闭点火开关，等待 10s 后，拆下爆燃传感器的插头，测量车上线束插头上信号输出端子 KS 和信号回路端子 SIC、RTN 之间的直流电压，其值应符合规定，否则说明 EEC－Ⅳ 模块或电路有故障。

2）爆燃传感器功能的检查。爆燃传感器功能的检查有两种方法：①当发动机运转时，连接好传感器导线，缓慢地提高发动机转速至 3000r/min，同时用万用表交流电压档测量，如果电压随之升高，则说明传感器可能有故障；②在发动机运转时，连接好传感器导线，用 1209 的锤子轻轻地敲击排气管，同时用万用表交流电压档测量，如果电压指示值发生波动，则说明传感器可能有故障。

3）爆燃传感器的整体检测（需要用到电脑检测仪）。首先将计算机检测仪，连接到汽车计算机故障诊断插座；然后起动汽车发动机，并将计算机检测仪设定为数据传送模式；随之直接用锤子敲击爆燃传感器附近的缸体，同时观察检测仪显示屏上的点火提前角数值变化；如果数值在锤子敲击时有所下降的话，就说明此时的爆燃传感器处于正常工作状态。但如果一点变化都没有的话，那么就代表爆燃传感器存在故障问题。

二、碰撞传感器的检测

1. 碰撞传感器的检测注意事项

爆燃与碰撞
传感器的检测

1）即使只发生了轻微碰撞安全气囊未膨开，也应对碰撞传感器安全气囊系统及其部件进行检查。

2）安全气囊系统对零部件的工作可靠性要求极高，所有零部件均为一次性使用部件，绝不要试图修复传感器和安全气囊系统部件，应更换左前和右前碰撞传感器。在更换碰撞传感器时，应使用新品，不允许使用不同型号车辆上的零部件。

3）在检修汽车其他零部件时，如有可能对安全气囊系统的碰撞传感器产生冲击，则应在检修工作开始之前，先将碰撞传感器拆下，以防安全气囊误开。

4）安全气囊系统的防护碰撞传感器采用水银开关式碰撞传感器。由于水银蒸发有剧毒，因此该传感器更换之后，换下的旧传感器不能随意毁掉，应作为有害废物处理。当车辆报废或更换安全气囊电控电器时，应当拆下水银开关式碰撞传感器总成并作为有害废物处理。

5）当碰撞传感器摔碰之后或其壳体、支架、导线插接器有裂纹、凹陷时，应更换新件。

6）前碰撞传感器和安全气囊系统的重要组件不得暴晒或接近火源。

7）在安全气囊系统各个总成或零部件的表面上，均标有说明标牌或注意事项，使用与检修时必须遵照执行。

8）碰撞传感器的动作具有方向性，安装前碰撞传感器时，传感器壳体上的箭头必须指向规定方向。

9）前碰撞传感器的定位螺栓和螺母必须经过防锈处理，拆卸或更换前碰撞传感器时，必须同时更换定位螺栓和螺母。

10）前碰撞传感器引出导线的插接器装有电路连接诊断机构。安装插接器时，插头与插座应当插牢。当插接器插头与插座未插牢时，自动诊断系统将会检测出故障并将故障码存入存储器中。

2. 丰田凌志 LS400 轿车的前碰撞传感器检测

（1）检查前碰撞传感器电路 拔下 SRS ECU 线束插头，先检测线束插头上端子 +SR 与端子 –SR、端子 +SL 与端子 –SL 之间的电阻，如图 3-20 所示，正常阻值应为 755~885Ω。如电阻值不正常，则说明端子 +SR 或端子 –SR、端子 +SL 或端子 –SL 至前碰撞传感器之间的线束搭铁或前碰撞传感器电路有故障。

再检测端子 +SR、端子 +SL 与车身（搭铁）之间的电阻，如图 3-21 所示。如果为无穷大，说明线束良好，故障出在传感器，即前碰撞传感器需要更换；如果阻值不是无穷大，说明端子 +SR 或端子 +SL 至前碰撞传感器之间的线束搭铁，需要修理或更换线束。

（2）检查前碰撞传感器 拔下前碰撞传感器线束插接器插头，用万用表电阻档检测传感器插头各端子之间的电阻值，如图 3-22 所示。正常电阻值见表 3-2，如果不符，应当更换前碰撞传感器。

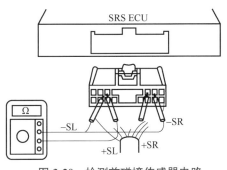

图 3-20 检测前碰撞传感器电路

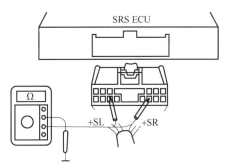

图 3-21 传感器电路搭铁的检测

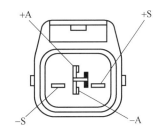

图 3-22 前碰撞传感器的检测

表 3-2 正常电阻

测量端子	正常阻值
+S 与 +A	755~885Ω
+S 与 -S	+ ∞
-S 与 -A	<1Ω

（3）检测前碰撞传感器 +SR、+SL 端子间的电压 接上蓄电池负极电缆端子，将点火开关转到"ON"位置，用万用表电压档在 SRS ECU 线束插头上检测 +SR、+SL 端子与车身（搭铁）之间的电压，如图 3-23 所示。正常电压应为 0；若电压超过 0，说明端子 +SR 或 +SL 至前碰撞传感器之间的电路与电源线搭铁，需要修理或更换线束与插接器。

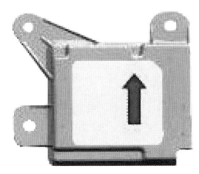

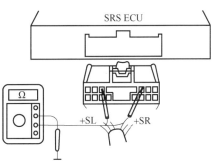

图 3-23 检测前碰撞传感器的电路电压

（4）检查 SRS ECU 至前碰撞传感器之间的电路　拔下 SRS ECU 线束插接器插头，分别用导线将插头上的端子 +SR 与端子 –SR、端子 +SL 与端子 –SL 连接起来，用万用表电阻档检测传感器插头上端子 +SR 与端子 –SR、端子 +SL 与端子 –SL 之间的阻值，如图 3-24 所示。正常电阻值应小于 10Ω；如果测量值不符，说明前碰撞传感器断路或接触不良，应进行修理或更换。

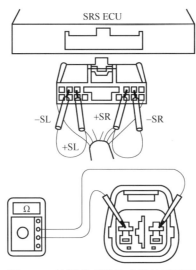

图 3-24　检测前碰撞传感器是否断路

项目小结

通过对汽车压力传感器、碰撞传感器、爆燃传感器的学习，学生应了解压力传感器的作用和分类，掌握了不同压力传感器的工作原理；掌握爆燃传感器和碰撞传感器的作用、分类及工作原理；会使用专用工具进行进气压力传感器、蓄能器压力传感器、大气压力传感器、碰撞传感器的检测；充分发掘学生潜力，提高学生动手操作能力，养成良好的团队合作精神，培养学生精益求精的工匠精神。

习　题

1. 汽车中的压力传感器很多，主要有_____、_____、_____、_____等。

2. 进气压力传感器的种类较多，按其信号的产生原理可以分为_____ 和_____两种。

3. 蓄能器压力传感器由压力检测部分、电路部分等组成，压力检测部分以_____为测量元件。

4. 轮胎压力传感器主要由轮胎压力警告阀和发射器、密封垫、＿＿＿＿＿＿＿、＿＿＿＿＿＿＿、＿＿＿＿＿＿＿、＿＿＿＿＿＿＿等组成。

5. 爆燃传感器主要有＿＿＿＿＿＿＿、＿＿＿＿＿＿＿、＿＿＿＿＿＿＿、＿＿＿＿＿＿＿等几种类型。

6. 简述共轨燃油压力传感器的作用。

7. 简述机油压力传感器的工作原理。

8. 简述爆燃传感器的功用。

项目 4
汽车位置传感器与速度传感器

项目目标

素养目标

1. 提升独立思考、分析和解决问题的能力。
2. 提升实践操作能力。
3. 树立严谨的工作态度、团队合作意识和岗位职责意识。

知识目标

1. 了解汽车位置与速度传感器的不同分类方式。
2. 掌握汽车位置与速度传感器的工作原理、结构及特点。
3. 熟悉汽车位置与速度传感器的检测方法。
4. 熟悉汽车位置与速度传感器的技术参数。

技能目标

1. 能够使用检测汽车位置与速度传感器时所需的工具和仪器。
2. 能够使用工具和仪器进行汽车位置传感器的检测。
3. 能够使用工具和仪器进行汽车速度传感器的检测。

任务 4.1 汽车位置传感器识别与检测

——苟学而不思，此理终无由而得。

任务导入

客户李女士来到某汽车销售服务中心进行车辆维修，李女士反映车辆出现起动困难，怠速不稳，故障灯亮，能行车但动力性差等问题。小李作为维修团队人员，需要帮助李女士查找该故障出现的原因，制订解决方案。你知道小李需要学习哪些基本知识吗？

任务描述

通过对汽车位置传感器的学习，提升独立思考、分析和解决问题的能力；了解汽车位置传感器的不同分类方式；掌握汽车位置传感器的基本结构和特点；掌握汽车位置传感器的工作原理；了解汽车位置传感器的应用。

知识链接

一、位置传感器的定义

用来测量元件运转或运动所处位置的传感器称为位置传感器。位置传感器的类型主要有节气门位置传感器、曲轴位置传感器、凸轮轴位置传感器、加速踏板位置传感器、座椅占用传感器、水平位置传感器、离合器位置传感器、电动机械式助力转向电动机位置传感器、液位传感器、进气歧管风门位置传感器等。

位置传感器的
认知

二、位置传感器的分类

1. 曲轴位置传感器

曲轴位置传感器又称为曲轴转角传感器，是发动机集中控制系统中最重要的传感器之一。曲轴位置传感器通常安装在曲轴前端（带轮处）、曲轴后端靠近大飞轮处或曲轴中间，早期车型也有的安装在分电器内。其作用有：检测发动机转速，因此又称为转速传感器；检测活塞上止点位置，故也称为上止点传感器，包括检测用于控制点火的各缸上止点信号、用于控制顺序喷油的第 1 缸上止点信号。

磁感应式曲轴位置传感器，又称为磁脉冲式传感器、可变磁阻式传感器，主要由导磁材料制成的转子、磁铁、感应线圈等组成，传感器的位置是固定的，磁铁与转子齿圈必须保持一定间隙，即空气气隙，如图 4-1 所示。

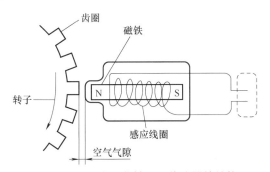

图 4-1　磁感应式曲轴位置传感器的结构

2. 凸轮轴位置传感器

凸轮轴位置传感器（Camshaft Position Sensor，CPS）又称为气缸识别传感器（Cylinder Identification Sensor，CIS），为了区别于曲轴位置传感器（CPS），凸轮轴位置传感器一般用 CIS 表示。凸轮轴位置传感器的功用是采集配气凸轮轴的位置信号，并输入 ECU，以便 ECU 识别气缸 1 压缩上止点，从而进行顺序喷油控制、点火时刻控制和爆燃控制。此外，凸轮轴位置信号还用于发动机起动时识别出第 1 次点火时刻。因为凸轮轴位置传感器能够识别哪一个气缸活塞即将到达上止点，所以称为气缸识别传感器。

按照工作原理不同，凸轮轴位置传感器可分为电磁式、霍尔式、光电式、磁阻元件式。下面以霍尔式凸轮轴位置传感器为例进行讲解。

大众 Polo 1.4L 16 气门 55kW 发动机采用霍尔式凸轮轴位置传感器，如图 4-2 所示，霍尔式凸轮轴位置传感器位于凸轮轴壳体的飞轮一端，在进气凸轮轴上方。连接到进气凸轮轴的是 3 个铸模齿，霍尔式凸轮轴位置传感器对其进行扫描。

工作过程如图 4-3 所示，当 1 个齿通过霍尔式传感器时会产生 1 个霍尔电压。霍尔电压脉冲的持续时间取决于齿的长度，该霍尔电压被传递到发动机控制单元并在那里被运算。霍尔电压信号可以使用 V.A.S 5051 数字式示波仪显示。

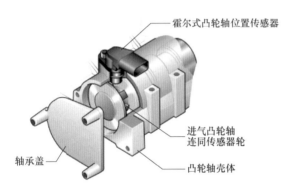

图 4-2　霍尔式凸轮轴位置传感器安装位置

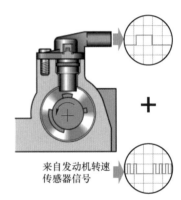

图 4-3　霍尔信号产生

3. 节气门位置传感器

节气门位置传感器又称为节气门开度传感器或节气门开关，位置在节气门体上，如图 4-4 所示。随着节气门开度的变化和节气门轴的转动带动该传感器内的电刷滑动或导向凸轮转动，将节气门打开的角度信号转换成电信号送到 ECU。

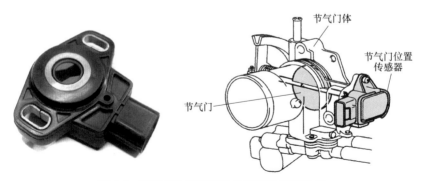

图 4-4　节气门位置传感器的外形及安装位置

在发动机电控燃油喷射系统中，节气门位置传感器的作用主要是将节气门开度以及节气门开度变化的快慢，转变为电信号输入发动机 ECU，用于判别发动机的各种工况，从而控制不同的喷油量和点火正时。在安装电控自动变速器的汽车上，节气门位置传感器信号是变速器换档和变矩器锁止时的主要信号。在新型智能电子节气门控制系统中，节气门开启角度不再由加速踏板拉索直接进行控制，而是由节气门伺服电动机根据 ECU 信号进行驱动。电子节气门轴上节气门位置传感器用来检测节气门的实际开度，ECU 以此作为反馈信号，实时控制节气门伺服电动机，对节气门开度做出适当的调整。

新型智能电子节气门控制系统所用的节气门位置传感器，常见的类型有双可变电阻式和线性双霍尔式两种。

4. 踏板位置传感器

加速踏板位置传感器（Accelerator Pedal Position Sensor，APPS）是随着智能电子节气门、柴油机共轨燃油系统而出现的一种新的位置检测装置。其功用是将驾驶人踩下加速踏板的速度和移动量转换成电子信号输入发动机 ECU。ECU 根据此信号进行期望转矩需求计算，结合其他运行条件，控制节气门伺服电动机进行节气门开度的非线性调节。

加速踏板位置传感器安装在汽车加速踏板附近，常见的加速踏板位置传感器有可变电阻式加速踏板位置传感器、霍尔式加速踏板位置传感器。

5. 转向盘转角传感器

转向盘转角传感器（Steering Angle Sensor，SAS）是用于测量汽车转向时转向盘的旋转角度及旋转方向的装置。ESP 的电子控制单元根据转向盘转角传感器和轮速传感器判断驾驶人想往什么方向行驶，同时 ECU 根据横摆率传感器和横向加速度传感器判断车辆实际行驶方向。如果车辆实际行驶方向与驾驶人的意图相同，则 ESP 不工作；如果车辆发生跑偏或甩尾，导致车辆实际行驶方向与驾驶人意图不同时，ESP 工作，调节车辆实际行驶方向，防止发生事故。当车辆转向不足时，通过对内侧后轮施加相应的制动，并控制发动机和变速器管理系统，减小动力输出，ESP 可在一定程度内阻止车辆向外驶出弯道。

转向盘转角传感器多用于自适应前照灯系统（AFS）、电子稳定系统（ESP/ESC）、电动助力转向系统（EPS）、自动驾驶系统（ADAS）、车道偏离预警系统（MPC）等。一般在组合开关下方，套在转向管柱上，通过 CAN 总线和 PCM 相连。转向盘转角传感器可以分为模拟式转向盘转角传感器和数字式转向盘转角传感器。

6. 液位传感器

液位传感器是用来检测各种液体的高度位置，作为仪表指示、警告的输入信号。汽车上的液位传感器主要有发动机机油液位传感器、燃油油位传感器、制动液液位传感器、清洗液液位传感器等。按照传感器的性质类型来分，可以分为模拟量输出型和开关输出型两种。

模拟输出式液位传感器主要用于检测燃油箱油量，有浮子式、电热式、电容式液位传感器；开关输出式液位传感器用于测量制动液液位、清洗液液位、冷却液液位，在液位减少到一定值时，产生开关接通、闭合转换，这种传感器有热敏电阻式、浮子式和舌簧开关式 3 种。

浮子舌簧开关式液位传感器由树脂圆管制成的轴和可沿其上下移动的环状浮子组成，如图 4-5 所示。在管状轴内装有舌簧开关（强磁性材料制成的触点），浮子内嵌有永磁铁。舌簧开关内部是一对很

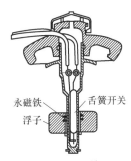

图 4-5　浮子舌簧开关式液位传感器结构

薄的触点，随浮子位置不同，触点闭合或断开，以此判定液量多于规定值还是少于规定值。

任务实施

一、磁感应式曲轴位置传感器检测

大众汽车磁感应式曲轴位置传感器的端子 T3i/2 为传感器其中一极与 ECU 的 T80/64 端子相连；端子 T3i/3 为传感器与 ECU 的 T80/53 端子相连；端子 T3i/1 为屏蔽线端子在发动机线束内的搭铁连接，如图 4-6 所示。

汽车位置
传感器检测

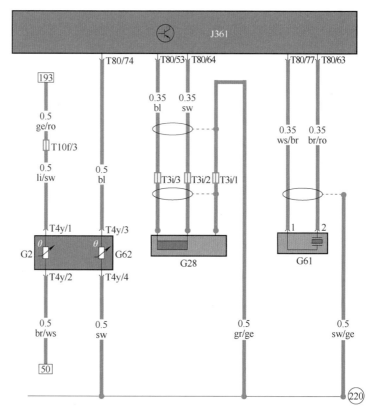

图 4-6 曲轴位置传感器关联电路

G2—冷却液温度传感器　G28—发动机转速传感器　G61—爆燃传感器 1　G62—冷却液温度传感器
J361—发动机控制单元　T3i—3 芯黑色插头连接　T4y—4 芯黑色插头连接　T10f—10 芯灰色插头连接
T80—80 芯黑色插头连接　(220)—发动机线束中的接地连接（传感器接地）

1）曲轴位置传感器的电阻检查。关闭点火开关，拔下传感器插接器插头，检测传感器上端子 3 和端子 2 间的电阻，应为 450~1000Ω。若电阻为无穷大，则说明信号线圈存在断路，应更换传感器。检测传感器上端子 T3i/3 或端子 T3i/2 与屏蔽线端子 T3i/1 之间的电阻，阻值应为无穷大。如果该电阻不是无穷大，则应更换传感器。

2）输出电压测量。用万用表的交流电压档在电路正常连接、发动机运转时测量端子 T3i/3 与端子 T3i/2 间的电压，该电压值在 0.2~2V 波动。

3）检查传感器与ECU之间的连接线束。分别检查端子T3i/2与ECU的端子T80/64、端子T3i/3与ECU的端子T80/53、端子T3i/1与发动机线束内电源线间的电阻值，应不超过1.5Ω。如果电阻为无穷大，则说明存在导线断路或接触不良，需要进一步检修。

二、磁阻式凸轮轴位置传感器检测

1）工作电压的检测。关闭点火开关，断开凸轮轴位置传感器，打开点火开关至"ON"位置，用万用表检查VC端子与VV–之间的电压，应为5V。如果没有5V电压，应分别检查与ECU间电路的连接情况。如果电路正常，则说明发动机ECU有故障。

2）参考电压的检测。关闭点火开关，断开凸轮轴位置传感器，打开点火开关至"ON"位置，用万用表检查端子VV+与端子VV–之间的电压，应为4.6V。如果没有4.6V电压，应检查端子VV+与ECU间电路的连接情况。如果电路正常，则说明发动机ECU有故障。

任务 4.2　汽车速度传感器识别与检测

——不患人之不能，而患已之不勉。

🏠 任务导入

客户李先生的车出现怠速时发动机不稳、发动机故障灯亮；发动机加速性能下降、仪表上的车速显示有偏差；当车辆起步或减速停车的时候，出现瞬间停顿或熄火。你作为售后服务工作人员，如何完成故障的排除？

🏠 任务描述

通过对汽车速度传感器的学习，提升独立思考、分析和解决问题的能力；了解汽车速度传感器的不同分类方式；掌握汽车速度传感器的基本结构和特点；掌握汽车速度传感器的工作原理；了解汽车速度传感器的应用。

🏠 知识链接

汽车速度传感器作为汽车电子控制系统的信息源是汽车电子控制系统的关键部件，也是汽车电子技术领域研究的核心内容之一。它用来检测电控汽车的车速，通过ECU接收这个输入信号来控制发动机怠速、自动变速器的变矩器锁止、自动变速器换档及发动机冷却风扇的开闭和巡航定速等。

一、发动机转速传感器

汽车速度
传感器认知

在电控发动机上，ECU 接收的发动机转速信号取自曲轴位置传感器，而发动机转速表接收的转速信号，既有使用曲轴位置传感器的，也有使用点火信号的。曲轴位置传感器的各种形式、结构与原理已进行了详细介绍，在此不再赘述。下面介绍其他形式的发动机转速传感器。

在柴油发动机上使用的电磁感应式转速传感器是从喷油泵处获取转速信号，转速传感器的安装位置如图 4-7 所示。它的工作原理是，在永磁铁的周围绕有线圈，线圈周围有用铁材料制成的齿轮。当齿轮旋转时，齿轮的齿顶与永磁铁之间的空隙不断变化，使通过线圈的磁力线也发生了变化，于是线圈中便产生交变电压。

图 4-7　柴油发动机用转速传感器及安装位置

柴油机的喷射泵工作时，传感器的齿轮被带动旋转，所以在线圈中便有交流电压产生。交流电压的频率与发动机的转速成正比，该交变电压作为输入信号，经转速表内的 IC 电路放大、整形后，就可以使转速表指示出发动机的实际转速。不管柴油机采用什么供油方式，其发动机转速传感器均是相似的，均用于检测发动机转速和曲轴的位置。ECU 根据此信号计算出喷射始点和喷油量。发动机转速传感器有电磁感应式、霍尔式、光电式等多种形式，其中电磁感应式应用广泛。

二、车速传感器

对于自动变速器汽车，车速传感器也叫变速器输出轴转速传感器，用于检测汽车的车速信号，并将车速信号输入 ECU，实现 ECU 对变速器的换档控制及对发动机的巡航控制；同时将车速信号提供给车速里程表，用以指示汽车的行驶速度，记录汽车的行驶里程。而对于手动变速器汽车，车速传感器则仅仅将检测到的车速信号提供给车速里程表，用于指示汽车的行驶速度，记录汽车的行驶里程。

车速传感器一般安装在变速器输出轴附近的壳体上或速度表内。常见的车速传感器有舌簧开关式、可变磁阻式、电磁感应式、光电式和霍尔式几种。

舌簧开关式车速传感器是车速报警系统中常用的信息传感器。舌簧开关式传感器是在小玻璃管内装有两个细长的触点构成的，触点由铁、镍等容易被磁铁吸引的强磁性材料制成，受玻璃管外磁板的控制，有时触点互相吸引而闭合，有时互相排斥而断开，从而形成了触点的开关作用。

舌簧开关式车速传感器置于车速表的转子附近，当车速表驱动轴回转时，永磁铁也回转，磁铁的 N、S 极将靠近或远离舌簧开关的触点，如图 4-8 所示。

三、轮速传感器

图 4-8　舌簧开关式车速传感器的结构

轮速传感器是用来测量汽车车轮转速的传感器。对于现代汽车而言，轮速信息是必不可少的，汽车动态控制系统（VDC）、汽车电子稳定程序（ESP）、防抱死制动系统（ABS）、自动变速器的控制系统等都需要轮速信息。所以轮速传感器是现代汽车中最为关键的传感器之一。

轮速传感器的数目和通道的数目不同，则感应齿圈的安装位置也就不同。一般来讲，感应齿圈安装在随车轮或传动轴一起转动的部件上，如驱动车轮、从动车轮、半轴、轮毂或制动盘、主减速器或变速器的输出轴；传感器本体安装在车轮附近不随车轮转动的部件上，如半轴套管、转向节、制动底板等位置，如图 4-9 所示。

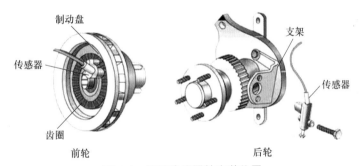

图 4-9　轮速传感器的安装位置

目前，轮速传感器主要有电磁感应式、励磁式、霍尔效应式、电涡流式、磁阻元件式等几种。

电磁感应式轮速传感器由传感头和齿圈两部分组成。电磁感应式轮速传感器传感头的结构如图 4-10 所示，它由永磁体（铁心）、极轴和感应线圈等组成，齿圈由铁磁性材料制成。

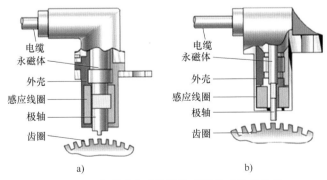

图 4-10　电磁感应式轮速传感器传感头的结构
a）凿式极轴　b）柱式极轴

四、加减速传感器

1. 纵向加速度传感器

如图 4-11 所示，纵向加速度传感器 G249 在汽车右侧 A 柱上，只用于四轮驱动车。在单轴驱动的车上，系统根据制动压力传感器的值、车轮转速传感器的信号及发动机管理系统的信息来计算车辆的纵向加速度。

在装有 Haldex 耦合器的四轮驱动车上，前轮与后轮是刚性连接的。根据各个车轮转速计算出的真实车速在某些条件下（如摩擦因数低且 Haldex 耦合器锁止时）是不准确的，而测出的纵向加速度就是用于保证理论车速的正确性的，对于四轮驱动车，如果没有纵向加速度信号，那么在某些不利条件下就无法得知真实的车速，ESP 及 ASR 功能就失效了，但 EBD 功能仍正常。

2. 横向加速度传感器

横向加速度传感器 G200（图 4-12）用于接收是否有侧向力及该侧向力的大小的信息，这个侧向力总是试图使车辆脱离原行驶路线。由于物理方面的原因，该传感器的安装位置应尽量与汽车重心离得近一些，一般安装在转向柱右侧的驾驶人座椅下，与偏转率传感器固定在同一支架上。

图 4-11　纵向加速度传感器 G249

图 4-12　横向加速度传感器 G200

横向加速度传感器用于判断有哪个方向的侧向力，该信息用于评估在当前道路上行驶时应保证哪些车辆运动处于稳定状态。如果缺少横向加速度信息，控制单元就无法计算出车辆的实际状态，ESP 失效。在诊断过程中会确定导线是否断路及是否对正极或搭铁短路。系统会进一步确定传感器是否损坏。

五、角速度传感器

角速度传感器是用来检测车体转弯时旋转角速度的一种传感器，在汽车新技术（VSC、VSA、VDC、ASC 等）中是不可缺少的。振动着的金属柱旋转时，按其旋转速度的大小会产生哥氏力（一种惯性力）。振动型角速度传感器就是通过检测哥氏力的大小来测量角速度的。

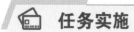 **任务实施**

电磁感应式轮速传感器检测

新款捷达 MK70 制动系统共有 4 个轮速传感器，前轮的齿圈为 43 齿，安装在半轴上，轮速传感器安装在万向节上，如图 4-13a 所示；后轮的齿圈也为 43 齿，安装在后轮毂上，轮速传感器则安装在固定支架上，如图 4-13b 所示。

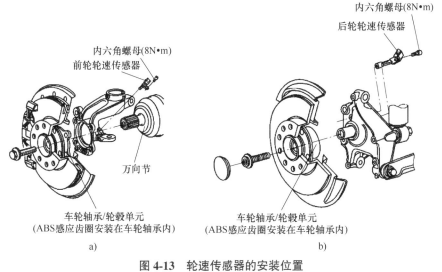

内六角螺母(8N•m)
前轮轮速传感器

万向节

车轮轴承/轮毂单元
（ABS感应齿圈安装在车轮轴承内）

a)

内六角螺母(8N•m)
后轮轮速传感器

车轮轴承/轮毂单元
（ABS感应齿圈安装在车轮轴承内）

b)

图 4-13　轮速传感器的安装位置
a）前轮轮速传感器　b）后轮轮速传感器

汽车速度
传感器检测

1）故障征兆检测。电磁感应式轮速传感器如发生故障，将无法准确感知车轮轮速信号，从而使防抱死制动不可能正确地控制车轮防抱死机构的工作，只能依靠基本制动进行制动操作，此时 ABS 警告灯点亮，紧急制动时出现制动距离长、车轮抱死、两侧制动力不均匀、制动力不足、制动踏板剧烈振动、制动踏板行程过长、需用很大的力踩制动踏板、轻踩制动踏板时 ABS 工作、路面有拖印等故障现象。电磁感应式轮速传感器的常见故障主要是传感器本身的感应电路（感应线圈）断路或短路，传感头和齿圈沾染油污或其他脏物，因振动或敲击造成传感器发生消磁现象等。除此之外还有轮速传感器的松动、脉冲齿圈距离、车轮轴承、制动轮缸、制动蹄片等出现问题，也会导致轮速传感器没有信号输出的故障。

2）电阻检查新款捷达轿车轮速传感器与 ABS ECU 的连接电路如图 4-14 所示。将点火开关置于 OFF 档，断开 ABS ECU 插头，用万用表电阻档测量轮速传感器，其电阻值应符合表 4-1 中的规定。

表 4-1　轮速传感器电阻值

轮速传感器	标准电阻值 /kΩ	轮速传感器	标准电阻值 /kΩ
左前轮速传感器阻值	1.0~1.3	左后轮速传感器阻值	1.0~1.3
右前轮速传感器阻值	1.0~1.3	右后轮速传感器阻值	1.0~1.3

如果电阻值不符合要求，可直接从所对应的轮速传感器处拔下导线，用万用表电阻档直接测量。如果达到上述标准电阻值，则说明电路有问题；如果仍达不到上述标准值，则说明传感器有故障。

如果检测的任何一个轮速传感器的电阻值都不在规定范围内，则首先应检查与该传感器连接的导线是否发生断路及其插头是否松动。如果经过检查未发现导线中有断路现象，且插头连接牢固，则应更换该轮速传感器。

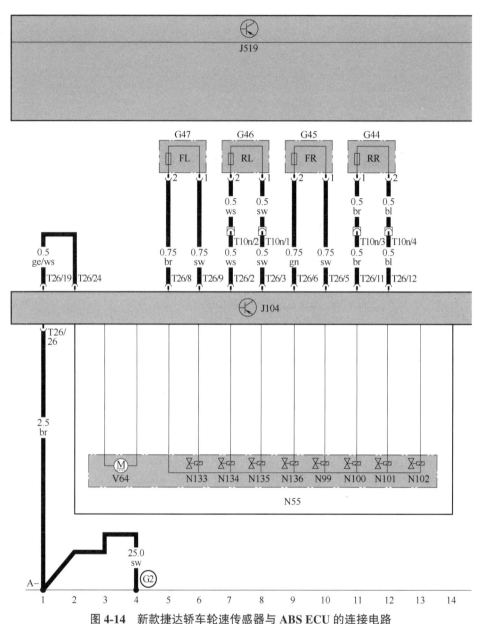

图 4-14　新款捷达轿车轮速传感器与 ABS ECU 的连接电路

G44—右后轮轮速传感器　G45—右前轮轮速传感器　G46—左后轮轮速传感器

G47—左前轮轮速传感器　J104—ABS ECU　J519—中央电器控制单元　N55—ABS 油压控制单元

T10n—10 芯 n 蓝色对接插头（在中央电器控制单元上）　T26—26 芯黑色插头连接　V64—ABS 液压泵

G2—搭铁点（在变速器上）　ws—白色　sw—黑色　br—棕色　gn—绿色　bl—蓝色　ge—黄色

3）检测传感器线束的电阻值。关闭点火开关，拔下 4 个轮速传感器的 2 芯连接插头，然后拔下 ABS ECU 的连接端子。用万用表的电阻档分别测量左前轮传感器插头的 1 号端子与 ABS 电脑插头的端子 T26/9 之间的阻值、左前轮轮速传感器插头的 2 号端子与 ABS ECU 插头的端子 T26/8 之间的阻值、右前轮轮速传感器插头的 1 号端子与 ABS ECU 插头的端子

T26/5 之间的阻值、右前轮轮速传感器插头的 2 号端子与 ABS ECU 插头的端子 T26/6 之间的阻值、左后轮轮速传感器插头的 1 号端子与 ABS ECU 插头的端子 T26/3 之间的电阻值、左后轮轮速传感器插头的 2 号端子与 ABS ECU 插头的端子 T26/2 之间的阻值、右后轮轮速传感器插头的 1 号端子与 ABS ECU 插头的端子 T26/12 之间的电阻值、右后轮轮速传感器插头的 2 号端子与 ABS ECU 插头的端子 T26/11 之间的阻值，均应小于 0.5Ω，若相差很大或为 $+\infty$，则说明线束断路。

4）检测传感器信号电压。升起汽车，使 4 个车轮悬空，以 1r/s 的速度分别转动各个车轮，用万用表或示波器分别测量各个车轮轮速传感器的信号输出电压值。各车轮轮速传感器的信号电压应满足表 4-2 中的要求。

表 4-2　各车轮轮速传感器的标准电压值

轮速传感器	信号输出电压（转速 1r/s）	轮速传感器	信号输出电压（转速 1r/s）
左前轮	190~1140mV 的交流电压	左后轮	>650mV 的交流电压
右前轮	190~1140mV 的交流电压	右后轮	>650mV 的交流电压

5）检测传感器与齿圈的间隙。升起汽车，使 4 个车轮离地，在齿圈上取 4 点，用非磁性塞尺，测量齿圈与传感器之间的间隙。各车轮轮速传感器与齿圈的间隙应符合表 4-3 中的要求。

表 4-3　各车轮轮速传感器与齿圈的间隙

检查项目	标准值 /mm
前轮轮速传感器与齿圈之间的间隙值	1.10~1.97
后轮轮速传感器与齿圈之间的间隙值	0.42~0.80

拓展知识

汽车传感器检测数据信息的第 1 步是将信息传输到总控制系统中，随后按照总控制系统所制定的相关标准和要求，实现传感器的控制性能。这一道工序中所消耗的时间和资源与传感器的反应速度和处理效率密切相关。

随着人工智能技术的逐步创新和发展，会研发出更多实用、先进的传感器功能，并广泛应用于汽车的行驶中。而开发出更多先进功能的前提是汽车传感器的检测精度和反应速度，需要符合各种标准和要求。虽然人工智能技术逐渐成熟起来，但是传感器的速度一旦慢下来，就无法发挥出传感器真正的作用，甚至还会对其他功能造成严重的阻碍作用，对汽车行业的稳定发展产生负面影响。因此，提高汽车传感器的反应速度尤为重要。

项目小结

通过本项目学习，了解了不同汽车位置与速度传感器的定义、特点、分类方式，基本结构，工作原理和应用；掌握了使用工具和仪器进行汽车位置与速度传感器检测的方法；提升了学生独立思考、分析和处理问题的能力、实践操作能力，树立了严谨的工作态度、团队合作意识和岗位职责意识。

习　题

1. 曲轴位置传感器分为_____、_____、_____3 种类型。

2. 按照工作原理不同，凸轮轴位置传感器可分为_____、_____、_____、_____。

3. 转向盘转角传感器用于测量_____的装置。

4. 液位传感器安装于_____、_____、_____、_____等处，以测量各种液体的储存量。

5. 车速传感器常见的有_____、_____、_____、_____和_____几种。

6. 简述轮速传感器的作用。

项目 5
智能网联汽车激光雷达

🏠 项目目标

素养目标

1. 提升独立思考、分析和处理问题的能力。
2. 提升实践操作能力。
3. 树立严谨的工作态度、团队合作意识和岗位职责意识。

知识目标

1. 了解激光雷达的不同分类方式。
2. 掌握激光雷达的工作原理、结构及特点。
3. 熟悉激光雷达测速、测距的原理。
4. 熟悉激光雷达的技术参数。

技能目标

1. 能够使用安装激光雷达时所需的工具。
2. 能够使用工具和仪器进行激光雷达的品质检测。
3. 能够完成激光雷达装调与测试。

任务 5.1　智能网联汽车激光雷达认知

——天行健，君子以自强不息。

🏠 任务导入

客户李女士来到某汽车销售服务中心进行车辆维修，经检查车辆的激光雷达出现故障。实习生小李作为维修团队人员，对业务还不熟悉，小李的师傅要求小李学习激光雷达的相关知识，帮助李女士查找该故障出现的原因，制订解决方案。你知道小李需要学习激光雷达的哪些基本知识吗？

任务描述

通过对激光雷达的学习，提升独立思考、分析和处理问题的能力，了解激光雷达的不同分类方式；掌握激光雷达的基本结构和特点；掌握激光雷达的工作原理；了解激光雷达的应用。

知识链接

一、激光雷达的定义及特点

激光雷达的认知

激光雷达（Light Detection and Ranging，LiDAR）是一种采用非接触激光测距技术的扫描式主动传感器，通过向被测目标发射探测信号（激光束），搜集反射回来的光束形成点云并获取数据，测量反射或散射信号的到达时间、强弱程度等参数，数据经光电处理后生成精确的三维立体图像，以此确定目标的距离、方位、运动状态及表面光学特性。激光雷达以激光束为信息载体，利用相位、振幅、频率等来搭载信息，并将辐射源频率提高到光频段，能够探测极微小的目标。

1. 激光雷达的优点

1）探测范围广。探测距离可达 300m 以上。

2）分辨率高。激光雷达可以实现极高的角度、范围和速度分辨率，获得极高的距离、速度和角度分辨率。距离分辨率可达 0.1m；速度分辨率可达 10m/s；角度分辨率不低于 0.1rad，能分辨 3km 距离内相距 0.3m 的两个目标，并可同时跟踪多个目标。

3）信息量丰富。可直接获取探测目标的距离、角度、反射强度、速度等信息，生成目标多维度图像。

4）可全天候工作。激光主动探测，不依赖于外界光照条件或目标本身的辐射特性，只需发射激光束，通过探测发射激光束的回波信号来获取目标信息。

5）隐蔽性好，抗干扰能力强。激光是线性传输的，具有良好的方向性和窄光束。

6）低空探测性能好。激光雷达只对被照射的目标产生反射，完全不受地物回波的影响，因此可以"零高度"工作。

7）体积小、重量轻。激光雷达轻便、灵巧，结构相对简单，维修方便，操纵容易，价格较低。

2. 激光雷达的缺点

1）受天气和大气影响大。激光一般在晴朗的天气里衰减较小，传播距离较远。而在大雨、浓烟、浓雾等坏天气里，衰减急剧加大，传播距离大受影响，同时大气环流还会使激光光束发生畸变、抖动等，直接影响激光雷达的测量精度。

2）不易识别交通标志和交通信号灯。

3）工艺要求高，造价昂贵。

二、激光雷达的分类

1. 按照工作介质分类

（1）固体激光雷达 固体激光雷达就是指没有运动部件的激光雷达，也叫作固态激光雷达。它具有结构简单、尺寸小、使用寿命长、成本低等优点。

（2）气体激光雷达 气体激光雷达以 CO_2 激光雷达为代表。气体激光雷达工作在红外波段，大气传输衰减小，探测距离远，在大气风场和环境检测方面发挥了很大作用。

激光雷达的分类

（3）半导体激光雷达 半导体激光雷达又称激光二极管，用半导体材料作为工作物质。常用工作物质有砷化镓、硫化镉、磷化铟等。半导体激光雷达能以高重复频率方式连续工作，具有使用寿命长、体积小、成本低和对人眼伤害小的优点。

（4）二极管泵浦固体激光雷达 二极管泵浦固体激光雷达是最近几年成像激光雷达发展的重点，它采用高重复频率、高峰值功率的二极管泵浦固体激光器和高灵敏度的雪崩二极管探测器，其主要优点是体积小、价格低，可用扫描成像或非扫描成像，大多采用直接探测体制，在军事和民用领域都有着广阔的应用前景。

2. 按照功能分类

（1）激光测距雷达 激光测距雷达是对被测物体发射激光光束并接收反射波，通过记录该时间差来确定被测物体与测试点的距离。

（2）激光测速雷达 激光测速雷达是对运动物体速度的测量，通过对被测物体发射两次激光脉冲信号进行测距，从而得到该被测物体的移动速度。

（3）激光成像雷达 激光成像雷达是激光技术、雷达技术、光学扫描与控制技术、高灵敏度探测技术以及高速计算机处理技术的综合产物，具有较高的角度分辨率和距离分辨率，可以形成高分辨率的三维图像。

（4）大气探测激光雷达 大气探测激光雷达用于探测大气中分子与烟雾的浓度、温度、风速、风向及水蒸气浓度，对大气环境进行检测，对暴风雨、沙尘暴等灾害性天气进行预报。

（5）跟踪雷达 跟踪雷达可以连续跟踪一个目标，并测量出该目标的坐标，提供目标的运动轨迹。

3. 按照有无旋转部件分类

（1）机械式激光雷达 机械式激光雷达的发射和接收系统通过不断旋转发射头，将发出的激光从线变成面，并在竖直方向上排布多束激光，形成多个面，进而达到动态 3D 扫描并连续接受信息的目的。机械式激光雷达作为在自动驾驶车辆上最先应用的激光雷达产品，具有扫描速度快，接收视场大、可承受较高的激光功率等优点；但结构笨重、重量和体积较大、装调工作复杂、价格高。

（2）全固态激光雷达 全固态激光雷达内部没有运动部件，通过调节法阵阵列中每个发射单元的相位差来改变激光的出射角度。全固态激光雷达不能进行 360° 旋转，只能探测前方，因此要实现全方位扫描需在不同方向布置多个全固态激光雷达，如前向激光雷达和角激光雷达。目前市场上主要的全固态激光雷达产品有光学相控阵激光雷达、调频连续波激光雷达、纳米天线阵列激光雷达和泛光面阵式激光雷达。

全固态激光雷达耐久性、可靠性最佳，符合自动驾驶对雷达固态化、小型化和低成本化的需求。

（3）混合固态激光雷达　混合固态激光雷达没有大体积的旋转结构，采用固定激光光源，通过内部玻璃片旋转的方式改变激光光束方向，能实现多角度检测的需要，采用嵌入式安装。

各类型雷达如图 5-1 所示。

 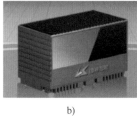 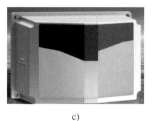

a)　　　　　　　　　b)　　　　　　　　　c)

图 5-1　各类型雷达

a) 机械式激光雷达　　b）全固态激光雷达　　c）混合固态激光雷达

4. 按照线束分类

（1）单线激光雷达　激光雷达的基本构成是发射器和接收器。单线激光雷达只有一个激光发射器和一个激光接收器，扫描一次只产生一条扫描线，其所获得的数据为 2D 数据，因此无法区别有关目标物体的 3D 信息。单线激光雷达的优点是数量少、效率高、稳定性好、技术成熟，但只能平面式扫描，不能测量物体高度，有一定的局限性，主要应用于扫地机器人、酒店服务机器人等。

（2）多线激光雷达　多线激光雷达主要应用于雷达成像系统，相比单线激光雷达在维度提升和场景还原上有了质的改变，可以识别物体的高度信息。多线激光雷达可以做到 3D 成像，能够实现行车环境的高精度建模。多线激光雷达扫描一次可产生多条扫描线，目前市场上推出的多线激光雷达主要有 4 线、8 线、16 线、32 线、64 线和 128 线。

单线激光雷达与多线激光雷达最大的区别在于激光雷达垂直视野的范围，前者垂直视野范围一般不超过 10°，而后者可达到 30° 甚至 40° 以上，这导致两者对于激光雷达在汽车上的安装位置要求有所不同。

三、激光雷达的结构与参数

1. 激光雷达的结构

激光雷达主要由激光发射系统、激光接收系统、扫描系统和信息处理系统 4 部分组成，称为激光雷达的 4 大核心组件，如图 5-2 所示。

（1）激光发射系统　激光发射器是激光雷达中的激光发射机构，主要负责向目标物发出激光信号。激光发射系统的激励源周期性地驱动激光器，发射激光脉冲，如每秒钟点亮和熄灭 16000 次，利用激光调制器通过光束控制器控制发射激光的方向和线数，最后通过发射光学系统将激光发射至目标物体。

激光雷达的
结构原理

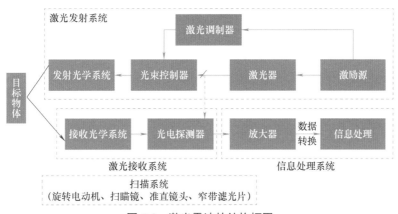

图 5-2　激光雷达的结构框图

（2）激光接收系统　激光接收系统主要接收目标物反射回来的信息。激光照射到目标物以后，反射光线会经由镜头组汇聚到接收光学系统的光电探测器上，产生接收信号。

（3）信息处理系统　信息处理系统负责控制激光器的发射、接收器收到的信号的处理，计算目标物体的距离等信息。信息处理系统将接收信号经过放大处理和数据转换后，由信息处理模块计算，获取目标物的表面形态、物理属性等特征，最终建立物理模型。

激光发射系统、激光接收系统、和信息处理系统 3 个组件构成了测量的核心部件。

（4）扫描系统　扫描系统（控制系统/旋转机构）将核心部件以稳定的转速旋转起来，实现对所在平面的扫描，并产生实时平面图信息。

2. 激光雷达的技术参数

激光雷达主要指标有距离分辨率、最大探测距离、测距精度、测量帧频、数据采样率、角度分辨率、视场角、波长等。

（1）距离分辨率　距离分辨率是指两个目标物体可区分的最小距离。

（2）最大探测距离　激光雷达的测距与目标的反射率相关。目标的反射率越高测量的距离越远，目标的反射率越低测量的距离越近。因此在查看激光雷达的探测距离时要知道该测量距离是目标反射率为多少时的探测距离。最大探测距离通常需要标注基于某一个反射率下的测得值，例如白色物体大概为 70% 反射率，黑色物体为 7%~20% 反射率。

（3）测距精度　测距精度是指对同一目标进行重复测量得到的距离值之间的误差范围。

（4）测量帧频　测量帧频与摄像头的帧频概念相同，激光雷达成像刷新帧频会影响激光雷达的响应速度，刷新率越高，响应速度越快。

（5）数据采样率　数据采样率是指每秒输出的数据点数，等于帧率乘单幅图像的点云数目，通常数据采样率会影响成像的分辨率，特别是远距离，点云越密集，目标呈现就越精细。

（6）角度分辨率　角度分辨率是指扫描的角度分辨率，等于视场角除以该方向所采集的点云数目，因此本参数与数据采样率直接相关。角分辨率分为水平分辨率和垂直分辨率。水平分辨率可以做的很高，一般为 0.01° 级别。垂直分辨率与发射器几何大小相关，也与其排布有关系，相邻两个发射器间隔做的越小，垂直分辨率就越小。垂直分辨率为 0.1~1° 的级别。

（7）视场角　视场角又分为垂直视场角和水平视场角，是激光雷达的成像范围。水平视场角是在水平方向上可以观测的角度范围，旋转式激光雷达旋转一周为 360°，所以水平视场角为360°。垂直视场角是在垂直方向上可以观测的角度，一般为40°。它并不是对称均匀分布的，因为主要是需要扫描路面上的障碍物，为了很好地利用激光，激光光束会尽量向下偏置一定的角度。而且，为了检测到障碍物，同时又能够把激光光束集中到中间重点关注的部分，激光雷达的光束不是垂直均匀分布的，而是中间密，两边疏。从图5-3所示的64线激光雷达的光束，可以看到激光雷达光束有一定的偏置，向上的角度为15°，向下为25°，且激光光束中间密集，两边稀疏。

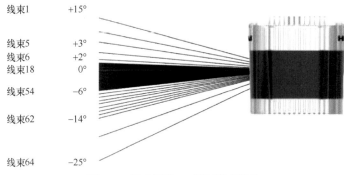

图5-3　激光雷达64线垂直视场角

（8）波长　三维成像激光雷达最常用的波长是905nm和1550nm。1550nm波长的激光雷达可以以更高的功率运行，以提高探测范围，同时对于雨雾的穿透力更强。905nm波长的激光雷达的主要优点是硅在该波长处吸收光子，而硅基光电探测器通常比1550nm波长激光所需的铟镓砷（InGaAs）近红外探测器便宜。

四、激光雷达的工作原理

激光雷达的工作原理与超声波雷达非常相近，以激光作为信号源，由激光器发射出的脉冲激光，激光束碰到障碍物或目标物，即地面的树木、道路、桥梁和建筑物等，引起散射，一部分光波会反射到激光雷达的接收器上。激光接收系统进行处理，从而得知从发射至被反射回来并接收的时间，即激光的飞行时间（TOF）。根据飞行时间，计算出从激光雷达到目标点的距离。

激光不断地扫描目标物，就可以得到目标物上全部目标点的数据，这些数据组成点云图，经成像处理后，就可得到精确的三维立体图像。TOF激光雷达采用脉冲激光采样，并且能严格控制现场，以减少环境光的影响。

1. 三角测距法

激光器发射激光，照射到物体后，反射光由线性CCD（电荷耦合元件，是一种半导体装置，能够把光学影像转化为电信号）接收，由于激光器和探测器间隔了一段距离，所以依照光学路径，不同距离的物体将会成像在CCD上不同的位置。按照三角公式进行计算，就能推导出被测物体的距离，如图5-4a所示。

2. 飞行时间（TOF）法

TOF（脉冲）测距是目前应用较多的方法之一，其基本原理是在测距点向被测目标发射一束短而强的激光脉冲，激光脉冲到达目标后会反射回一部分光被接收器接收。根据激光遇到目标的折返时间，通过光速计算目标与雷达的相对距离，如图5-4b所示。假设目标距离

为 L，激光脉冲往返的时间间隔是 t，光速为 c，测距公式为 $L=tc/2$。

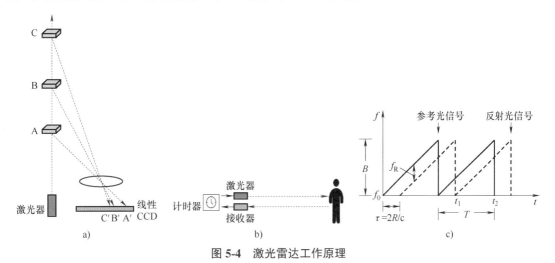

图 5-4　激光雷达工作原理

a）三角测距法　b）飞行时间（TOF）法　c）调幅连续波测距法

激光光束可以准确测量视场中物体轮廓边沿与设备之间的相对距离，这些轮廓信息组成点云图并绘制出 3D 环境地图。在一些要求测量距离较远的场合，如无人驾驶汽车上应用的几乎都是 TOF 雷达。

3. 调幅连续波测距法

调幅连续波测距法（AMCW）通过将广播的强度进行调制（如正弦波或三角波等），使光波在投射到物体后返回探测器的过程中在光强波形上形成一个相位差，那么通过测量相位差，就可以间接获取光的飞行时间，从而反推飞行距离，如图 5-4c 所示。

五、激光雷达技术

1. 激光雷达的应用

（1）障碍物识别　利用高精地图限定感兴趣区域（ROI）后，基于全卷积深度神经网络学习点云特征并预测障碍物的相关属性，进行障碍物检测与识别。

（2）可通行空间检测　利用高精地图限定感兴趣区域后，可以对 ROI 内部（比如可行驶道路和交叉口）的点云高度及连续性信息进行判断，确认点云处是否可通行。

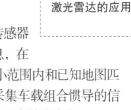

激光雷达的应用

（3）高精地图与定位　激光雷达在定位中的最主要的作用就是对位置传感器定位的校正。在运动定位中，位置传感器提供了智能网联汽车大致的定位信息，在此基础上，激光雷达从环境中感知的信息（包含点线面的几何信息）用来在小范围内和已知地图匹配，实现对位置传感器定位的校正。利用多线激光雷达的点云信息与地图采集车载组合惯导的信息，进行高精地图制作。自动驾驶汽车利用激光点云信息与高精地图匹配，实现高精度定位。

（4）障碍物轨迹预测　根据激光雷达的感知数据与障碍物所在车道的拓扑关系（道路连接关系）进行障碍物的轨迹预测，以此作为无人车规划（避障、换道、超车等）的判断依据。

2. 激光雷达的发展趋势

激光雷达产业有 3 个主要发展方向：固态化、激光雷达与摄像头底层融合、智能化。

（1）激光雷达固态化　面对即将到来的自动驾驶商业化运营的阶段性市场，低成本车规级的固态激光雷达急需真正量产。激光雷达固态化后，将消除传统机械式激光雷达中存在的物理限制，带来高分辨率、长距离、车规级、易量产以及低成本等优势。

（2）激光雷达与摄像头底层融合　两者作为自动驾驶的核心传感器，各自拥有独特的优势，摄像头可以获取真实世界中丰富的二维彩色信息，激光雷达能够获取三维高精度空间信息。对于自动驾驶环境感知而言，一方面，如果仅依靠摄像头获取的二维图像，感知的可靠性和探测的准确度都难以保证驾驶的安全性；另一方面，仅依靠激光雷达又很难对诸如交通路牌、红绿灯等信息做出有效识别，以及对复杂障碍物进行精细化分类。通过底层深度融合激光雷达和摄像头数据，可以发挥更强大的感知能力。将二维彩色信息覆盖到三维高精度空间数据上，获得时空同步后的彩色点云数据，极大地提高了感知算法对目标物体的分割及分类探测距离、准确度、精细度，从而大幅提升自动驾驶车辆安全性。

（3）激光雷达智能化　MEMS固态激光雷达、环境感知算法、激光雷达与摄像头融合，多项前沿技术形成闭环构成了智能化激光雷达感知系统。通过算法对彩色数据进行预处理，有选择地对感兴趣区域进行重复探测，能够为自动驾驶带来更远的探测距离与更为准确地感知结果，有效降低中央数据处理单元的数据处理压力，从而确保汽车迅速完成安全可靠的驾驶操作响应。

🏠 任务实施

为帮助李女士解决激光雷达的故障问题，小李从激光雷达的定义与特点、激光雷达的分类、激光雷达的结构与参数、激光雷达的工作原理、激光雷达的应用等方面，进行激光雷达的学习。与客户沟通，完成信息收集、故障排查、制订解决方案。

1）信息收集。与客户沟通，记录客户信息和车辆信息；进行车况检查并记录。

2）故障排查。观察该激光雷达的外形，查阅激光雷达的定义、特点和不同分类方式等资料，确定该激光雷达属于哪种激光雷达。观察该激光雷达的故障现象，查阅激光雷达工作原理和结构方面的资料，分析故障原因。

3）制订解决方案。根据故障排查情况，制订维修解决方案。

4）完成任务工单，进行自我反思与评价。

任务5.2　智能网联汽车激光雷达装调与检测

——二人同心、其利断金；同心之言，其臭如兰。

🏠 任务导入

客户李先生的车发生事故，导致激光雷达破损，需要进行更换。你作为售后服务工作人员，如何完成激光雷达的更换？

任务描述

通过对智能网联汽车激光雷达的安装、调试和检测的学习和实践操作，能够使用激光雷达安装时所需的工具；能够使用工具和仪器进行激光雷达的品质检测；能够完成激光雷达装调与测试；树立严谨的工作态度、团队合作意识和岗位职责意识；提升实践操作能力。

知识链接

激光雷达在智能网联汽车上的正确安装，是保证其有效发挥作用的前提。在激光雷达的安装过程中，要根据雷达的用途，确定其安装位置和安装角度。

激光雷达的安装有两种方式：实车安装和台架安装。实车安装时，激光雷达根据安装位置的不同，可分为两大类。一类安装在车辆的四周，另一类安装在车顶。不同的车体形状使雷达的安装方向和旋转姿态有所差异，最终导致理论相同的定位点，车体却有不同的位置和姿态。为自动驾驶车辆服务的激光雷达，目前多数还只能在车身上寻找不太突兀的地方安装，固态激光雷达的小尺寸可让其很好地隐蔽在车辆隔栅之中。

一、激光雷达的安装

1. 安装注意事项

为确保正确安装激光雷达，安装时需要注意以下事项：

1）用于固定激光雷达的安装底座建议尽可能的平整，不要出现凹凸不平的现象。

2）安装底座上的定位柱应严格遵循激光雷达底部定位柱的深度，定位柱的高度不能高于 4mm。

3）安装底座建议使用铝合金材质，有助于激光雷达的散热。

4）激光雷达固定安装的时候，倾斜角度不建议超过 90°，倾斜角度过大会对激光雷达的使用寿命造成影响。

5）激光雷达安装走线的时候，不要将雷达上面的线拉得太紧绷，应使线缆具有一定的松弛度。

6）注意人身和设备安全；场地面积足够，无障碍物；功能检测时，学员应在指定工作区域，以免随意走动造成干扰。

2. 激光雷达的安装步骤

1）激光雷达在整车上的安装位置。混合固态激光雷达可安装在前保险杠和前机舱盖上，可获得 150° 水平角；机械式多线激光雷达需要安装在车辆顶部，可获得 360° 水平角。

2）以机械式多线激光雷达安装在车辆顶部为例，用卷尺确定激光雷达在车辆上的安装位置。尽量安装在车辆的正中央轴线上，测量车辆的前后长度，车辆长度的一半就是车辆纵向安装中心。

3）测量车顶支架对应的中心位置，从而确定车辆上支架的中心位置，并做标记制作安装孔。

4）确定好激光雷达的安装位置后，安装激光雷达水平角度调节支架（调节支架主要由上、下两部分铰件组成）。

5）分别将两部分铰件安装在车顶支架上，要保证两部分铰件固定牢靠，上铰件顶面与水平面夹角为 −14°，否则需要调整。

注意：激光雷达的型号、功能与算法不同，安装角度也不同，需根据实际情况而定。

6）将激光雷达下调整铰件放入安装位置，选用螺丝刀按规定力矩拧紧支架固定螺栓。

7）将激光雷达上调整铰件同激光雷达一起安装至下调整支架上。

注意：本次所采用的车辆与激光雷达型号，通过算法要求，确定最佳安装角度为 −14°，使用水平角度测量仪进行测量。从安装美观角度考虑，激光雷达有线束插接器的一侧应朝向车辆后方。

8）安装激光雷达铰件固定螺栓和调整螺栓，调整螺栓需确定激光雷达安装角度后再进行紧固。

9）将激光雷达线束插接器连接至激光雷达。

10）铺设激光雷达线束，线束经车顶线束卡子固定，通过右后车窗密封胶圈进入驾驶室，从驾驶室内饰板内部布线并固定在车身上，沿着驾驶室车身布线连接至适配盒。

注意：布线应该保持平整、规则、避免线束外漏和线束之间相互干扰等。

11）用网线将适配器与计算平台进行连接。

注意：适配盒应固定在车身上，同时不影响饰板的安装。

二、激光雷达的调试

按照参数配置要求，继续激光雷达参数配置与滤波设置，包括运行环境检查、安装配置、颜色配置、角度/范围设置、欧氏聚类设置、点云滤波设置。

1. 运行环境检查

1）雷达上电启动后，确定工控机有线连接图标显示连接正常。

2）检查工控机 IP 地址。若 IP 地址不正确，可打开网络连接，手动设置 IP 地址。

3）确定工控机连接激光雷达。

激光雷达调试

2. 安装配置

安装配置包括高度、俯仰角、偏航角、翻滚角的配置，确定当前激光雷达的安装高度与角度。由于雷达已经安装在台架上，这些值已经默认，无须修改。完成安装配置，并打开雷达。

3. 角度和范围设置

设置合适的角度和范围。

4. 颜色配置

通过颜色配置可改变点云的颜色。颜色和激光雷达返回数据的强度有直接关系，强度是反映生成的某点激光雷达回波强度的一种测量指标，基于物体的反射率，可用于帮助要素检测和提取以及激光雷达点的分类。

5. 点云滤波设置

由于点云会有噪声点、离散点，滤波是点云处理的第 1 步，滤波后才能进行特征提取、曲面重建、可视化等后续应用处理。可选用原始点云、直通滤波器、体素化网格滤波器、统计离群点、半径离群点等不同的滤波原理进行滤波，设置顺序不分先后，可根据情况任意调整设置顺序，并可观看每种滤波后的效果，同时可观察"过滤后点云数量"值的变化。

6. 欧氏聚类设置

聚类主要用于将相似的样本自动归到一个类别中，欧氏聚类是一种基于欧氏距离度量的聚类算法。在软件中，可设置半径范围、聚类最少点数、聚类最大点数。

1）半径范围：设置一个合适的聚类搜索半径，如果搜索半径取一个非常小的值，那么一个实际的对象就会被分割为多个聚类；如果将值设置得太高，那么多个对象就会被分割为一个聚类，所以需要进行测试，找出最适合的半径。

2）聚类最少点数：限制一个聚类最少需要的点数目。

3）聚类最大点数：限制一个聚类最多需要的点数目。

三、激光雷达故障检测

以"仪表提示'激光雷达故障'"为故障现象，进行故障检测。

激光雷达
电源故障检测

1. 故障检测前防护

检测前防护包括个人防护和设备安全防护。个人防护为穿着防护手套，设备安全防护为铺设上格栅和翼子板防护。

2. 故障检测

1）分析故障，通过故障诊断仪或调试软件，确定故障可能为激光雷达适配器故障、激光雷达与适配器之间的连接电路故障、激光雷达适配器连接至计算平台的以太网电路故障、激光雷达本体或计算平台本体故障。

2）使用万用表电压档检测适配器供电电源，正常测量值应为 12V 左右。

3）使用万用表电阻档检测激光雷达与适配器之间的连接电路，正常电阻值应小于 1Ω。

4）使用万用表蜂鸣档检测激光雷达与适配器之间的连接电路端子，应为导通状态。

3. 故障修复

维修或更换相同型号的配件，设备 / 车辆回复正常状态，故障排除，撤除防护。

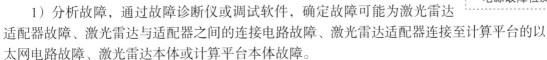

🏠 任务实施

一、任务准备

设备准备：智能网联汽车教学车、调试台架。

工具 / 仪器准备：电脑、数字万用表、示波器、卷尺、多功能距离角度测量仪、常用拆装工具套装、内六角扳手、安全帽、线手套、配套平板、网线测试仪等。

二、激光雷达的安装

以机械式多线激光雷达安装在车辆顶部为例，按照激光雷达安装的步骤完成装配。依次完成确定激光雷达在整车上的安装位置，制作安装孔，安装水平角度调节支架，安装铰件，连接线束，铺设激光雷达线束，连接计算平台。具体安装步骤如下：

1）在工作区放置工作牌，将激光雷达安装在支架上，注意平整与无遮挡。

2）将安装激光雷达的支架摆放在试验台上合适位置。

3）使用水平仪对激光雷达进行校准，校准完成后连线。

4）将激光雷达的电源线与控制台连接，连接网线，启动设备，确保供电正常。

5）通过软件查看激光雷达是否安装成功。

三、激光雷达的调试

激光雷达测试软件如图 5-5 所示。

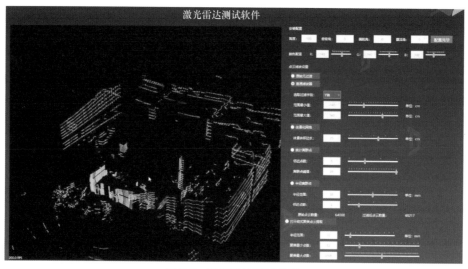

图 5-5　激光雷达测试软件

按照激光雷达调试步骤，完成调试。运行环境检查，设置 IP 地址。依次完成角度和范围设置，颜色配置，点云滤波设置（包含直通滤波设置、体素化网格滤波器设置、统计离群点、半径离群点），欧氏聚类设置。选择统计离群点滤波设置，观察效果。具体数据见表 5-1。

表 5-1　激光雷达参数配置与滤波设置数据表

项目	配置要求	项目	配置要求
颜色配置	R：140，G：140，B：100	直通滤波器设置	过滤字段：Z 轴 范围最小值：−150cm 范围最大值：150cm
体素化网格设置	体素体积边长：5cm	统计离群点	临近点数：5 离群点阈值：20
半径离群点	半径离群点：30mm 邻近点数：5	欧氏聚类设置	滤波设置：统计离群点 聚类半径：40cm 聚类最小点数：70 聚类最大点数：2400

四、激光雷达的检测

以"仪表提示'激光雷达故障'"为故障现象，进行故障检测。在做好防护之后，根据故障现象进行故障分析，通过诊断仪或调试软件发现激光雷达通信问题，锁定在激光雷达适配器故障、激光雷达与适配器之间的连接电路故障、激光雷达适配器连接至计算平台的以太网电路故障、激光雷达本体或计算平台本体故障等4个方面。用万用表依次进行检测，确定故障所在，并进行修复。完成任务工单，进行自我反思和评价。

1. 检测任务

观察激光雷达正常工作情况下的点云现象。用平板电脑设置激光雷达电源故障，观察故障现象，进行故障检测和排查。

2. 联机调试

1）用航空线缆和网线将实训台架与实训车连接，如图5-6所示。

图5-6　连接实训台架与实训车

2）启动台架。打开柜门，按下电脑开关键，启动电脑，按下台架面板中"计算平台"的"电源开关"，接通显示器电源。

3）联机调试，双击打开激光雷达调试软件，激光雷达安装标定的俯仰角、偏航角、翻滚角的数据已经设定好，不需要重新设置，单击"配置完成"按钮，完成安装配置，打开激光雷达，此时可以观察激光雷达的实时点云信息。挥动双手，可看到点云信息发生变化。

3. 故障设置

用平板电脑设置故障，如图5-7所示，打开故障设置APP，设置4激光雷达电源断路故障，当按钮变成红色时，设置成功。此时观察故障现象，激光雷达点云信息已经不再动态刷新。

图 5-7　用平板电脑设置故障

4. 故障分析

根据激光雷达调试点云信息无法动态刷新的现象，分析可能造成的原因有：激光雷达适配器电源或搭铁故障；激光雷达的以太网通信电路故障；激光雷达本体故障；计算平台本体故障。

5. 故障检测

1）测量激光雷达搭铁（图 5-8）。使用万用表检测激光雷达搭铁点与正常搭铁点的电阻，将万用表的黑表笔接入 COM 端，红表笔接入 VA 端，打开开关，调到蜂鸣档进行自检，将红黑短接，蜂鸣器响，说明万用表正常。将万用表打开到电阻 20Ω 档。红黑表笔分别连接激光雷达搭铁点和正常搭铁点，正常情况下电阻小于 1Ω。

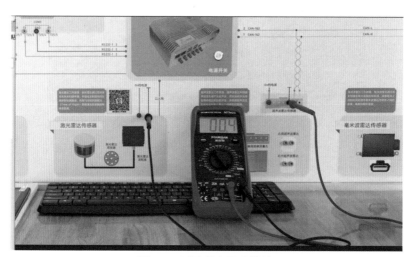

图 5-8　测量激光雷达搭铁

2）测量激光雷达电源适配器电压（图 5-9）。万用表旋转到电压 20V 档。黑色表笔连接搭铁点。红色表笔连接电源端子。正常值应为 9~16V。此时测得电压异常，由此判断激光雷达是电源故障。

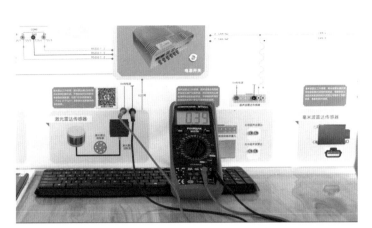

图 5-9　测量激光雷达电源适配器电压

3）排查电源供电电路（图 5-10）。检查万用表在电压 20V 档范围。找到激光雷达供电熔丝，熔丝号为 f12。将万用表黑色表笔连接搭铁点。红色表笔连接熔丝 f12 的供电端，正常电压应为 9~16V。将红色表笔连接熔丝的输出端，正常电压应为 9~16V。

图 5-10　排查电源供电电路

4）排查以太网通信线路（图 5-11）。使用网线测试仪检查激光雷达适配器与计算平台之间的以太网网线是否联通。网线的两个端子分别连接测试仪的测试端口。连接好后发现网线导通无异常。通过以上测量，熔丝 f12 的输出电压正常，激光雷达适配器位置电压异常。从而确定为熔丝输出端至激光雷达适配器的电路存在断路故障。

图 5-11　排查以太网通信线路

6. 消除故障

操作故障设置 APP，关闭设置故障。再次测量激光雷达电源适配器电压。检查万用表在电压 20V 档范围。黑色表笔连接搭铁点。红色表笔连接电源端子。正常值应为 9~16V，判断激光雷达电源故障排除。消除故障后，挥动双手，能观察到激光雷达调试界面云点动态刷新，故障排除。

拓展知识

　　全球知名市场研究与战略咨询公司 Yole Developement 发布《2021 年汽车与工业领域激光雷达应用报告》。该报告统计了包括全球 10 余家头部企业在内的激光雷达研发制造商在汽车和工业市场应用的份额占比情况。

　　报告显示，法雷奥（Valeo）排名第 1，市场占比 28%。速腾聚创（RoboSense）排名第 2，占比 10%。卢米纳尔（Luminar）、大疆（Livox）、电装（Denso）、大陆（Continental）、Cepton 这 5 家厂商以 7% 的市场占有率并列第 3。紧随其后的是因诺维兹（Innoviz）、Ibeo 分别占比 4%。接着是华为（Huawei）、禾赛科技（Hesai）、图达通（Innovusion）、威力登（Velodyne）占有率均为 3%。其中，共有 5 家中国厂商，分别为速腾聚创、大疆、华为、禾赛科技和图达通。

　　报告还显示，到 2026 年，汽车与工业领域应用的激光雷达市场规模预计将达 57 亿美元，在 2020 年至 2026 年间的年复合增长率将达到 21%。到 2026 年，智能交通基建设施激光雷达细分市场规模预计将达 3.95 亿美元，物流业激光雷达细分市场将达 4.66 亿美元。值得注意的是，高级驾驶辅助系统（ADAS）领域在 2026 年的市场占比率预计将达到 41%，成为激光雷达最大的细分市场，而这一数据在 2020 年仅为 1.5%。

项目小结

　　通过本项目的学习，了解了激光雷达的定义、特点、不同分类方式，基本结构，工作原理和应用；完成了汽车激光雷达传感器的安装、调试和检测的实践操作；能够使用激光雷达安装时所需的工具；能够使用工具和仪器进行激光雷达的品质检测；能够完成激光雷达装调与测试；提升了学生独立思考、分析和处理问题的能力、实践操作能力，树立了严谨的工作态度、团队合作意识和岗位职责意识。

习　题

　　1. 激光雷达按照旋转方式分为_____、_____、_____；按照激光束的多少分为_____、_____。

　　2. 激光雷达主要由_____、_____、_____、_____4 部分组成。

　　3. 激光雷达测距的方法一般有_____、_____、_____3 种。

　　4. 激光雷达的安装有两种方式：_____和_____。实车安装时，激光雷达根据安装位置的不同，可分为两大类。一类是安装在车辆的_____，另一类是安装在车辆的_____。

　　5. 激光雷达具有哪些优点？

项目 6

智能网联汽车超声波雷达

项目目标

素养目标

1. 提升独立思考、分析和处理问题的能力。
2. 提升实践操作能力。
3. 树立严谨的工作态度、团队合作意识和岗位职责意识。

知识目标

1. 了解超声波雷达的不同分类方式。
2. 掌握超声波雷达的工作原理、结构及特点。
3. 熟悉超声波雷达测速、测距的原理。
4. 熟悉超声波雷达的技术参数。

技能目标

1. 能够正确完成超声波雷达的安装。
2. 能够正确完成超声波雷达的调试。
3. 能够正确完成超声波雷达的故障检测和调试。

任务 6.1 智能网联汽车超声波雷达认知

——学而不思则罔，思而不学则殆。

任务导入

某汽车销售服务中心接收到一辆倒车雷达失灵的故障车辆，经技术人员检测，初步诊断为超声波雷达故障，需要拆卸超声波雷达部件，进行维修检测。你作为维修团队的一名初级技术员，需要学习超声波雷达的哪些基本知识？

任务描述

通过对超声波雷达的学习，提升独立思考、分析和处理问题的能力，了解超声波雷达的不同分类方式；掌握超声波雷达的基本结构和特点；掌握超声波雷达的工作原理；了解超声波雷达的应用。

知识链接

一、超声波雷达的定义

超声波雷达的认知

超声波雷达是利用超声波特性研制而成，是在超声波频率范围内将交变的电信号转换成声信号或将外界声场中的声信号转换为电信号的能量转换器件。

1. 超声波及物理特性

在弹性介质中，只要波源所激起的纵波的频率在20Hz~20kHz之间，就能引起人的听觉，这一频率范围内的振动称为声振动，由声振动所激起的纵波称为声波。频率低于20Hz的声波是次声波，次声波的特点是波长大、传播远、穿透力强。频率大于20kHz的声波是超声波，超声波的特点是能在各种不同媒质中传播，波长短，具有良好的各向异性，不过在空气中损耗大，穿透力比较差，容易散射。次声波和超声波都是人耳无法听到的声波。

超声波雷达是将超声波信号转换成其他能量信号（通常是电信号）的传感器，广泛应用在工业、国防、生物医学等方面。

2. 超声波雷达优点

1）超声波雷达结构简单，体积小，成本低，信息处理简单可靠，易于小型化与集成化，并且可以进行实时控制。

2）超声波雷达灵敏度较高。

3）超声波雷达可在室内、黑暗中使用。

3. 超声波雷达的缺点

1）探测距离短，一般为3~5m，因此应用范围受到限制。

2）超声波有一定的扩散角，只能测量距离，不能测量方位。如图6-1所示，处于A处和处于B处的障碍物都会返回相同的探测距离 d。所以在仅知道探测距离 d 的情况下，通过单个雷达的信息是无法确定障碍物是在A处还是在B处的。所以超声波雷达只能在低速时使用，而且必须在汽车的前、后保险杠不同方位上安装多个超声波雷达。

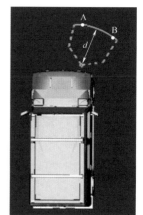

图6-1　超声波雷达探测距离

3）容易受天气影响，对温度敏感。超声波在空气中的传播速度与温度、大气压力等因素有关，其中温度的影响更大。超声波雷达的测距原理和激光雷达、毫米波雷达类似，不同的是激光雷达和毫米波雷达的波速都为光速，而超声波雷达的波速跟温度有关。

超声波传播速度和温度的关系参考表 6-1。

表 6-1　超声波传播速度和温度的关系

参数	数值							
温度 /℃	−30	−20	−10	0	10	20	30	100
超声波传播速度 /(m/s)	313	319	325	332	338	344	350	386

二、超声波雷达的分类

根据不同分类方式，超声波雷达有多种类型。

1. 按照工作频率分类

按照工作频率，超声波雷达可分为 40kHz、48kHz 和 58kHz 3 种。频率越高其灵敏度越高，但是水平与垂直方向的探测角度就越小，所以常使用的是 40kHz 的探头。

超声波雷达的分类

2. 按照结构分类

按照结构分类，超声波雷达可分为直探头、斜探头、表面波探头、双探头、聚焦探头、水浸探头超声波雷达等。

3. 按照应用分类

（1）驻车辅助（UPA）雷达　它是一种短程超声波雷达，主要安装在车身的前部与后部，检测范围为 25cm~2.5m，由于检测距离大，多普勒效应和温度干扰小，检测更准确。

（2）泊车辅助（APA）雷达　它是一种远程超声波雷达，主要安装在车身侧面，检测范围为 35cm~5m，可覆盖一个停车位。方向性强，探头波的传播性能优于 UPA 超声波雷达，不易受到其他 APA 超声波雷达和 UPA 超声波雷达的干扰。检测距离越远，检测误差越大。APA 超声波雷达的探测距离优势让它不仅能够检测左右侧的障碍物，而且还能根据超声波雷达返回的数据判断停车库位是否存在。目前自动泊车系统基本采用 12 颗超声波雷达的 APA 方案，由前后各 4 颗 UPA 超声波雷达加左右共 4 颗 APA 超声波雷达组成，如图 6-2 所示。也有部分主机厂开始采用超声波 + 环视摄像头融合方案提高车辆自动泊车系统的泊入 / 泊出成功率。

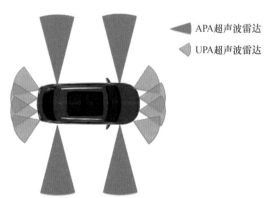

APA超声波雷达
UPA超声波雷达

图 6-2　超声波雷达布置

4. 按照换能器分类

1）电动式超声波雷达。

2）电磁式超声波雷达。

3）压电式超声波雷达。压电式超声波雷达是利用压电材料的压电效应原理来工作的。

压电式超声波雷达是一种可逆传感器，它可以将电能转变成机械振荡而产生超声波，同时在接收到超声波时，也能将其转变成电能，所以它可以分成发送器或接收器。有的超声波雷达既作发送，也作接收。压电式超声波雷达分类及结构如图 6-3 所示。

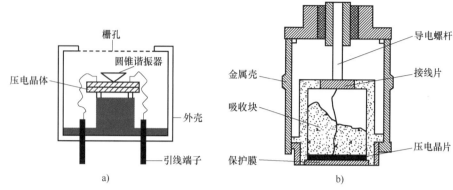

图 6-3 压电式超声波雷达分类及结构

a) 通用型（几十 kHz） b) 高频型（>100kHz）

4）磁致伸缩式超声波雷达。磁致伸缩式超声波雷达是利用铁磁材料的磁致伸缩效应原理来工作的。当超声波作用在磁致伸缩材料上时，引起材料伸缩，从而导致它的内部磁场（即导磁特性）发生改变。根据电磁感应，磁致伸缩材料上所绕的线圈里便获得感应电动势。此电动势送到测量电路，最后记录或显示出来。

三、超声波雷达的结构与参数

1. 超声波雷达的结构

超声波雷达主要由以下 4 个部分构成。

（1）发送器 通过振子（一般为陶瓷制品，直径约为 15 mm）振动产生超声波并向空中辐射，如图 6-4 所示。

超声波雷达的
结构原理

（2）接收器 振子接收到超声波时，根据超声波发生相应的机械振动，并将其转换为电能量，作为接收器的输出，如图 6-4 所示。

（3）控制部分 通过集成电路控制发送器的超声波发送，并判断接收器是否接收到信号（超声波），以及已接收信号的大小。

（4）电源部分 超声波传感器通常采用电压为 DC12V ± 10% 或 24V ± 10% 的外部直流电源供电，经内部稳压电路供给传感器工作。

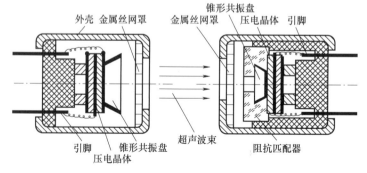

图 6-4 发射端和接收端分体的超声波雷达

在发送器端，对压电晶体施加40kHz的激励脉冲电压，晶片根据所加的高频电压极性伸长或缩短产生高频振动，发射频率40kHz的超声波。超声波被障碍物反射后被接收器接收，再利用压电材料的压电效应，转换成电荷，经测量转换电路，记录或显示结果。

2. 超声波雷达的技术参数

超声波雷达的主要技术参数有距离分辨率、测量距离、测量精度、探测角度、工作频率等。

（1）测量距离　超声波雷达的测量距离取决于波长和频率。波长越长，频率越小，测量距离越大。测量汽车前后障碍物的短距超声波雷达测量距离一般为0.25~2.50m；安装在汽车侧面、用于测量侧方障碍物距离的长距超声波雷达测量距离一般为0.35~5.0m。

（2）测量精度　测量精度是指传感器测量值与真实值的偏差。测量精度越高，感知信息越可靠。测量精度主要受被测物体体积、表面形状、表面材料等影响。被测物体体积过小，表面形状凹凸不平，物体材料吸收声波等因素都会降低超声波雷达的测量精度。

（3）探测角度　超声波雷达发射出去的超声波具有一定的指向性。波束的截面类似椭圆形，如图6-5所示。探测的范围有一定限度。探测角度分为水平视场角和垂直视场角。水平视场角一般为 ±70°，垂直视场角为 ±35°。

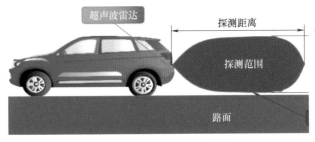

图6-5　超声波雷达探测范围

（4）工作频率　工作频率直接影响超声波的扩散和吸收损失、障碍物反射损失、背景噪声等。一般选择40kHz左右，雷达方向性尖锐，避开了噪声，提高了信噪比。

博世公司的超声波雷达主要技术参数见表6-2。

表6-2　博世公司的超声波雷达主要技术参数

参数	数值
最小测量距离	0.15m
最大测量距离	5.5m
目标分辨率	315cm
水平视场角	±70°
垂直视场角	±35°
尺寸	44mm×26mm
质量	14g
工作温度	−40°~+85°
电流消耗	7mA

四、超声波雷达的工作原理

超声波雷达由控制器控制脉冲调制电路产生一定频率的脉冲，脉冲调制电路驱动超声波雷达向一个方向发射超声波，在发射的同时计数器开始计数，超声波在空中传播遇到障碍物时撞击障碍物表面反射回来。超声波接收器接收到反射后的超声波立即停止发射超声波，接收电路接收到超声波信号后将其转换成电信号送至控制器进行数据处理，即为超声波雷达工作原理。超声波在空气中的传播速度为 340m/s，发射点与障碍物表面之间的距离为 L，根据计时器记录的时间 t 计算，检测距离 $L = (t \times 340)/2$，如图 6-6 所示。

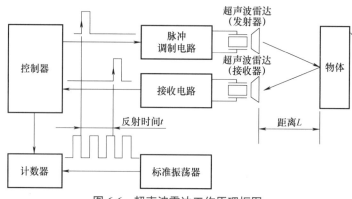

图 6-6　超声波雷达工作原理框图

超声波雷达的
应用与发展

五、超声波雷达的应用

（1）超声波雷达倒车辅助　用于侦测短距离的障碍物。安装于车的后保险杠或前后保险杠，用以侦测前、后方的障碍物。当雷达侦测到离车最近的障碍物距离时发出警报声来警告驾驶人，帮助驾驶人"看到"前、后方的障碍物以保障车辆的安全，一般采用短距超声波雷达探头。图 6-7 为超声波雷达倒车辅助示意图。

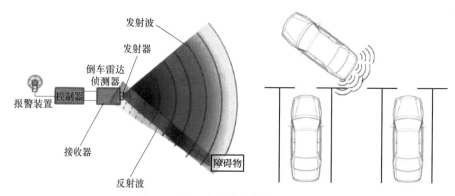

图 6-7　超声波雷达倒车辅助示意图

（2）超声波雷达泊车库位检测　泊车库位检测一般采用远程长距超声波雷达，如图 6-8 所示。

1）泊车方向控制两个超声测距雷达采集距离数据。

2）根据泊车模式信息确定最小尺寸阈值，并对汽车速度进行积分。

3）根据距离数据和速度积分数据检测停车位。

4）融合两个超声波测距雷达的检测结果确定有效停车位。

5）根据最小距离数据确定障碍点位置坐标。

图 6-8　超声波雷达泊车库位检测

（3）超声波雷达智能泊车　在泊车过程中会持续使用超声波雷达检测车位和障碍物，自动操作转向盘和制动器，实现自动泊车。泊车辅助系统通常使用 5~12 个超声波雷达，车后部的 4 个短距超声波雷达负责探测倒车时与障碍物之间的距离，两侧的长距超声波雷达负责探测停车位空间实现自动泊车功能。

目前，传统自动泊车以 12 个超声波雷达为基础的泊车方案，能够完成横向、垂直、斜向 3 种泊车动作，完全不需要人来操作，如图 6-9 所示。但由于场景单一，使用条件苛刻，并没有大范围使用。而新的以视觉 + 超声波的融合解决方案，能够适应较多的场景，技术和成本方面都有优势，发展前景被看好。

图 6-9　超声波雷达智能泊车

任务实施

为帮助客户解决超声波雷达的故障问题，需要从超声波雷达的定义与特点、超声波雷达的分类、超声波雷达的结构与参数、超声波雷达的工作原理、超声波雷达的应用等方面，进行超声波雷达的学习。与客户沟通，完成信息收集、故障排查、制订解决方案。

1）信息收集。与客户沟通，记录客户信息和车辆信息，进行车况检查并记录。

2）故障排查。观察该超声波雷达的位置、外形，查阅超声波雷达的定义、特点和不同分类方式等资料，确定该超声波雷达属于哪种超声波雷达。观察该超声波雷达的故障现象，查阅超声波雷达工作原理和结构方面的资料，分析故障原因。

3）制订解决方案。根据故障排查情况，制订维修解决方案。

4）完成任务工单，进行自我反思与评价。

任务6.2　智能网联汽车超声波雷达装调与检测

——世上无难事，只怕有心人。

🏠 任务导入

客户王先生的车发生事故，导致倒车辅助系统处于报警状态，经检测是超声波雷达损坏，需要进行更换。你作为售后服务工作人员，如何完成超声波雷达的更换？

🏠 任务描述

通过对超声波雷达的安装、调试和检测的学习和实践操作，能够使用超声波雷达安装时所需的工具；能够完成超声波雷达装调；能够对超声波雷达进行测试；树立安全操作意识、团队合作和岗位职责意识；提升解决问题的能力。

🏠 知识链接

超声波雷达在智能网联汽车上的正确安装，是保证其有效发挥作用的前提。在超声波雷达的安装过程中，要根据雷达的用途，确定其安装位置和安装角度。

常见的超声波雷达有 UPA 超声波雷达和 APA 超声波雷达两种。UPA 超声波雷达是安装在汽车前后保险杠上的，也就是用于测量汽车前后障碍物的倒车雷达；APA 超声波雷达是安装在汽车侧面的，用于测量侧方障碍物距离的超声波雷达。

一、超声波雷达的安装

1. 安装注意事项

为确保正确安装超声波雷达，安装时需要注意以下事项：

1）超声波雷达探头应该与地面基本平行（无论探头支架是否左右倾斜）。

2）安装位置前方一定不要有遮挡，否则会干扰超声波信号。

3）探头面不能陷入凹槽中，否则会探测到这些物体，产生误报或不稳定。

4）探头安装高度一般为 550~700mm。

超声波雷达的
装配（实操）

5）安装探头时，用手按压超声波探头正面靠边缘的塑料处。

2. 超声波雷达的安装步骤

1）确定超声波雷达安装位置。应保持超声波雷达探头安装在一个干扰较低的位置，否则可能引起探测不灵敏或者不能正常工作。

2）使用超声波雷达安装专用钻头打孔。安装前用游标卡尺，确认钻头大小与超声波雷达直径大小是否相同，如果直径相同，再用电钻垂直于保险杠开始打孔。

3）布置线束。注意事项：线束之间不应相互干扰、线束应远离旋转部件；探头线材严禁重压，防止断裂或者短路。

4）连接超声波雷达，将超声波雷达安装到安装孔内。注意：

①探头方向以及角度必须安装正确，探头背面的箭头和 UP 标记方向应向上，否则将探测到地面引起误报。

②探头安装入孔时，请勿用手按压中间探芯位置，用手拿住边缘往钻孔里放置，请勿重力挤压中间的振动区。

③超声波雷达探头应该与主机盒上的插孔一一对应，不能插错，否则可能引起非正常报警。

④探头安装过程中应保持干净，污泥等物体附着会影响正常工作。

5）检查超声波雷达表面，不应有凸起、歪斜现象。

6）将线束包扎整理固定到后车身保险杠附近，穿过行李舱布线孔，进入行李舱，连接至超声波雷达控制器。

7）将保险杠恢复至原车安装位置。

二、超声波雷达的调试

通过超声波雷达调试项目实训使学生掌握超声波雷达连接设置、启动 / 关闭、日志查看、标定的方法，掌握其与计算平台、底盘线控系统联合调试时设置雷达的方法，掌握如何自定义数据控制雷达的启停等。分为超声波雷达连接与标定和自定义数据发送 2 个实训项目。具体实训见任务实施。

三、超声波雷达的检测

以高级驾驶辅助系统（ADAS）存在故障，其中盲点检测（BSM）、自动泊车（APA）功能受限不可使用为故障现象，进行故障检测。

1. 故障检测前防护

检测前防护包括个人防护和设备安全防护。个人防护为穿着防护手套，设备安全防护为铺设上格栅和翼子板防护。

2. 故障检测

1）通过故障诊断仪或调试软件发现超声波雷达通信存在问题，分析可

超声波雷达的故障检测（实操）

能为超声波雷达控制器电源搭铁故障、超声波雷达控制器通信故障、超声波雷达信号测量故障、超声波雷达控制器的线束插接器松动、超声波雷达控制器或计算平台本体故障。

2）使用万用表电压档测量超声波雷达的供电电源，正常测量值应为 12V 左右。

3）使用示波器测量超声波雷达控制器 CAN-H，正常测量值应为 2.5~3.5V。

4）使用示波器测量超声波雷达控制器 CAN-L，正常测量值应为 1.5V~2.5V。

5）使用万用表电阻档，测量超声波雷达本体电阻值，正常测量值应为 15Ω 左右。

6）检查超声波雷达控制器的线束插接器是否松动，插接器连接应牢固可靠。

7）通过以上检查还没排除故障，则应用替换法检查超声波雷达控制器、计算平台内部软硬件，通过替换检查出超声波雷达控制器存在故障，从而检查出故障所在。

3. 故障修复

更换相同型号的超声波雷达控制器，设备/车辆恢复正常状态，故障排除后，撤除防护。

任务实施

一、任务准备

设备准备：智能网联汽车教学车、台架。

工具/仪器准备：调试电脑、数字万用表、CAN 总线分析仪、示波器、常用拆装工具套装等，见表 6-3。

表 6-3 工具/仪器准备

序号	设备名称	图片
1	笔记本电脑	
2	电源适配器	
3	CAN 分析仪	

（续）

序号	设备名称	图片
4	线束	
5	雷达系统控制器	
6	超声波雷达	
7	超声波传感器测试软件	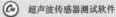

二、超声波雷达安装

按照前述超声波雷达安装的步骤完成装配，确定超声波雷达安装位置，制作安装孔，布置线束，连接超声波雷达，将超声波雷达安装到安装孔内，检查超声波雷达表面，连接线束，铺设超声波雷达线束，将保险杠恢复至原车安装位置。

三、超声波雷达调试

1. 超声波雷达连接与标定

超声波雷达连接与标定包括 CAN 参数设置、雷达启动、距离标定和坐标系缩放，具体见表 6-4。

表 6-4　超声波雷达距离标定和坐标系缩放实训要求

项目	实训要求	项目	实训要求
距离标定	标定 2 号雷达前方 1m 处目标	坐标系缩放	X=1m，Y=1m

（1）CAN 参数设置　雷达连接设置用于 CAN 分析仪与雷达的连接。弹出 CAN 连接设置窗口，对 CAN 参数进行设置。

①设备类型：工控机上连接雷达的 CAN 卡型号。

②设备索引：第几个串口设备。当前只有一个设备连接雷达，设为 0，不选或错选都无影响，软件已默认为 0。

③通道：一个 USB CAN 可支持两路 CAN 通道，0 和 1。当前连接雷达用的是第 1 路 CAN 通道，设为 0，不选或错选无影响，软件已默认为 0。

④比特率：每秒传输的数据位数，单位为 bit/s。超声波雷达要求比特率设为 500kbit/s，不选或错选无影响，软件已默认 500kbit/s。

⑤模式：正常模式下可接收来自总线的消息，也可向总线发送消息；只听模式下只接收来自总线的消息，不向总线发送消息。

⑥配置完①~⑤后，单击＜保存＞按钮，完成连接设置。

（2）雷达启动　如 CAN 卡没有连接到工控机上，或是超声波雷达出现故障，弹出提示消息窗口，提示"设备打开失败，请检查连接！"。雷达启动成功后，勾选"雷达状态输出"，可查看雷达实时发送的数据日志。

（3）距离标定　距离标定用于检测雷达的正前方探测精度，可标定前方 1m 或 3m 处的目标。

（4）坐标系缩放　坐标系缩放用于设置检测目标范围，坐标系默认检测范围为水平 10m，纵向 5m，本任务是检测 1m 内目标。

2. 自定义数据发送

自定义数据发送具体实训项目及要求见表 6-5。

表 6-5　自定义数据发送具体实训项目及要求

项目	实训要求	项目	实训要求
雷达停止	发送报文使雷达停止工作	数据索要	发送报文继续索要雷达数据

CAN 分析仪向超声波雷达发送数据的帧 ID 为 0x601，可使雷达停止和继续工作，格式见表 6-6。

1）雷达启动。单击软件左上角＜启动雷达＞按钮，启动雷达。

2）雷达停止。雷达停止界面如图 6-10 所示。帧 ID 填为 601，数据填为 b3 10 00，单击＜发送＞按钮，弹出提示信息框"消息完成"，雷达停止工作，软件界面上目标点静止，同时数据记录页面日志接收停止。

3）数据索要。雷达索要界面如图 6-11 所示。帧 ID 填为 601，数据填为 b3 10 ff，单击＜发送＞按钮，雷达继续工作，软件界面上目标点开始移动，同时数据记录页面日志继续实时接收。

表 6-6 帧 ID 0x601 格式

ID	DLC	Byte0	Byte1	Byte2
0x601	0x03	0xb1~0xba	0x10	0x00/0xff

其中数据区 Byte0~Byte2 说明如下：

字节				说明

探测距离选择，探测距离越远，盲区越大

	数据	说明	数据	说明
Byte0	0xb1	表示远距离（建议大于 2m）：索要测量长度数据，不间断返回距离数据，盲区 290mm，最远显示距离为 5000mm	0xb2	表示远距离（建议大于 2m）：索要测量长度数据，返回一次距离数据，盲区 290mm，最远显示距离为 5000mm
	0xb3	表示较远距离（建议 2m 内）：索要测量长度数据，不间断返回距离数据，盲区 250mm，最远显示距离为 5000mm	0xb4	表示较远距离（建议 2m 内）：索要测量长度数据，返回一次距离数据，盲区 250mm，最远显示距离为 5000mm
	0xb5	表示稍远距离（建议 1.5m 内）：索要测量长度数据，不间断返回距离数据，盲区 205mm，最远显示距离为 5000mm	0xb6	表示稍远距离（建议 1.5m 内）：索要测量长度数据，返回一次距离数据，盲区 205mm，最远显示距离为 5000mm
	0xb7	表示近距离（建议 1m 内）：索要测量长度数据，不间断返回距离数据，盲区 200mm，最远显示距离为 5000mm	0xb8	表示近距离（建议 1m 内）：索要测量长度数据，返回一次距离数据，盲区 200mm，最远显示距离为 5000mm
	0xb9	表示近距离（建议 0.2m 内）：索要测量长度数据，不间断返回距离数据，盲区 130mm（此指令抗干扰性能比较差，对电源要求较高，若探头插上后，输出一直是 130mm，可微调对应接口的中周），最远显示距离为 5000mm	0xba	表示近距离（建议 0.2m 内）：索要测量长度数据，返回一次距离数据，盲区 130mm（此指令抗干扰性能比较差，对电源要求较高，若探头插上后，输出一直是 130mm，可微调对应接口的中周），最远显示距离为 5000mm

Byte1~Byte2	工作探头选择，定义如下： ① 2 位 16 进制，其中低 12 位（0~11）确定索要数据的探头号，高 4 位（12~15）确定机号。 ② 本产品功能只能全部输出 8 路探头的数据，不能选择哪几个探头工作，因此索要测量长度数据时，该 2 个字节必须是 10ff，需要探头停止工作时，该 2 个字节必须是 1000

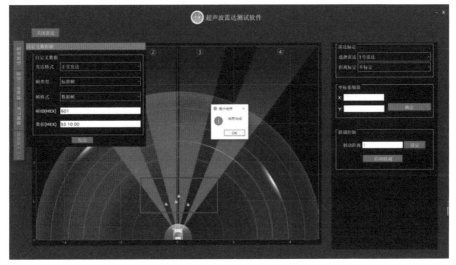

图 6-10 雷达停止界面

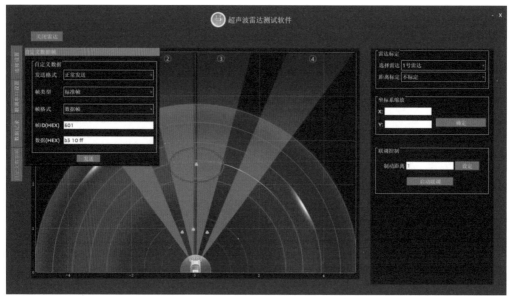

图 6-11　数据索要界面

四、超声波雷达品质检测

超声波雷达设备包括：2 个 ECU 主机（每个 ECU 连接 6 个超声波雷达），总共 12 个超声波（OTT）雷达以及对应的线束。ECU 主机及超声波雷达如图 6-12 所示。

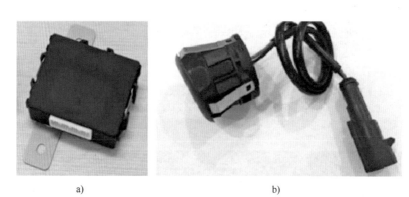

a)　　　　　　　　　　　　　　b)

图 6-12　ECU 主机及超声波雷达

a）ECU 主机　b）超声波雷达

1. 注意事项

首先，若频繁拆装超声波雷达，需定期检查弹片是否有变形、翘曲，硅胶圈是否有挤压、翻起。如有上述问题，则更换超声波雷达。超声波雷达弹片及硅胶圈位置如图 6-13 所示。

另外，超声波传感器装入孔位前，需提前确认"上"字朝上，如图 6-14 所示。

最后，检查安装后的雷达外圈边缘与保险杠是否存在间隙，若存在，则需再次按压至无间隙。

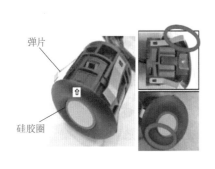

图 6-13　超声波雷达弹片与硅胶圈位置

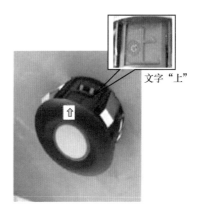

图 6-14　安装方向示意图

2. 超声波雷达品质检测步骤

1）电源适配器连接线束。找到线束中电源线，拨开线束引出两根电线，其中红线接红线，黑线接黑线，如图 6-15 所示，将线束中引出的电源线另一端接上电源适配器，红线接正极，黑线接负极，如图 6-16 所示。

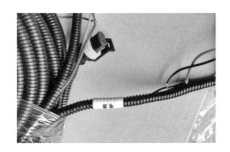

图 6-15　电源线束连接

图 6-16　电源适配器线束连接

2）线束连接至 CAN 分析仪的 CAN2 通道。在线束中找到 CAN-H 和 CAN-L 线，引出两根线，如图 6-17 所示，接入 CAN 分析仪的 CAN2 上，如图 6-18 所示，按照 CAN-H 接入 CAN2-H，CAN-L 接入 CAN2-L，如图 6-19 所示；检查线束是否正确连接，将 R2 打开，如图 6-20 所示。

图 6-17　CAN-H 和 CAN-L 引出线

图 6-18　连接 CAN 分析仪 CAN2 通道

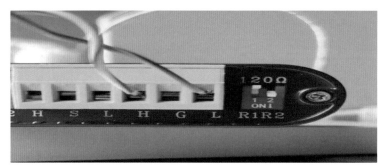

图 6-19　CAN 分析仪具体连接

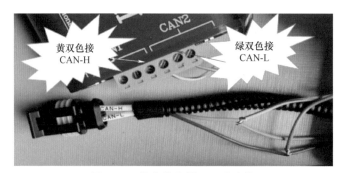

图 6-20　检查线束是否正确连接

3）将 CAN 分析仪与笔记本计算机连接，如图 6-21 所示。

图 6-21　CAN 分析仪与计算机连接

4）启动计算机超声波雷达测试软件，如图 6-22 所示。

图 6-22　超声波雷达测试软件

打开后的软件界面如图 6-23 所示。

5）点开 CAN 通道设置为通道 2，比特率为 500kbit/s，如图 6-24 所示。

图 6-23　超声波雷达测试软件显示界面

图 6-24　超声波雷达测试软件设置

6) 在线束中找到对应的雷达位置,如线束中 RA 前左,如图 6-25 所示,将雷达与线束连接,如图 6-26 所示。

图 6-25　RA 前左线束

图 6-26　雷达线束连接

此时电脑软件中探头位置选择前左，单击开启，如图 6-27 所示。

图 6-27　探头位置选择

7）软件中正常显示实时距离数据，如图 6-28 所示。

图 6-28　实时距离显示

单击左侧原始数据后，显示如图 6-29 所示。

图 6-29　原始数据显示

若有故障则显示界面如图 6-30 所示，无实时距离，原始数据显示字体。

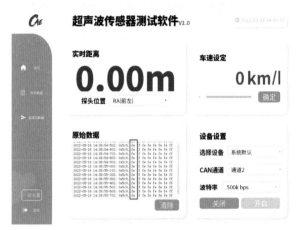

图 6-30　故障显示界面

8）单击退出，关闭软件。

拓展知识

超声波雷达的主要生产商有博世、法雷奥、日本村田、尼塞拉、电装、三菱、松下、台湾同致电子、深圳航盛电子、深圳豪恩、辉创、上富、奥迪威等。传统的超声波雷达多用于倒车中，这部分市场基本被博世、法雷奥占据，国内厂商很多，但能进前装市场的寥寥无几。

博世公司超声波雷达增加整个探测范围，提高刷新时间，每一个超声波雷达有一个代码，避免超声波雷达有噪声，可以更加精准。第六代超声波雷达可以很好地识别第五代产品无法识别的低矮物体。博世车用超声波雷达的检测范围为 20~450cm。

法雷奥的超声波雷达已经有 10 年的量产经验，短距超声波雷达覆盖范围为（2~4m）。其最新一代的自动泊车系统 Park4U，就是基于超声波雷达，有平行与转角的两种泊车模式。车身前后只需留出 40cm 的空间，该系统就能够自动完成泊车过程。其客户有路虎、起亚、大众途安等 OEM 厂商。

同致电子主要生产汽车倒车雷达、遥控中控、后视摄像头、智能车内后视镜等产品，是国内各大汽车厂（如上海通用、上海大众、东风日产、上海汽车、神龙汽车、奇瑞汽车、吉利汽车、福特汽车等）的供应商，也是目前亚洲倒车雷达 OEM 市场第一供应商。

广州奥迪威是一家成立 19 年的公司，UPA 超声波雷达为奥迪威主营产品之一，2017年奥迪威销售超声波雷达近 3000 万支，中国汽车市场占有率达到近三成，全球汽车倒车雷达市场占有率约 9.59%。

项目小结

通过本项目学习了超声波雷达的定义、特点、不同分类方式，基本结构，工作原理和应用；进行了汽车超声波雷达的安装、调试和检测的实践操作；掌握了超声波雷达安装时所需工具的使用方法；能够使用工具和仪器进行超声波雷达的品质检测；能够完成超声波雷达装调与测试；提升了学生独立思考、分析和处理问题的能力、实践操作能力，树立了严谨的工作态度、团队合作意识和岗位职责意识。

习　题

1. 超声波雷达按照应用及安装位置分为＿＿＿＿、＿＿＿＿；常用的超声波雷达的频率为＿＿＿＿、＿＿＿＿。

2. 超声波雷达主要由＿＿＿＿、＿＿＿＿、＿＿＿＿、＿＿＿＿4部分组成。

3. UPA 超声波雷达是安装在＿＿＿＿，也就是用于测量＿＿＿＿倒车雷达；APA 超声波雷达是安装在＿＿＿＿，用于测量＿＿＿＿超声波雷达。

4. 超声波雷达连接与标定包括＿＿＿＿、＿＿＿＿、＿＿＿＿和＿＿＿＿。

5. 超声波雷达具有哪些优点？

项目 7
智能网联汽车毫米波雷达

项目目标

素养目标

1. 能够自觉遵守法律、法规以及技术标准规定。

2. 能弘扬工匠精神，具有认真负责的态度、持之以恒、精益求精的精神。

3. 能够与同学建立良好的合作关系，具有团队协作精神。

4. 能够在实际操作过程中，培养实践能力，树立质量意识、安全意识、节能环保意识、规范操作意识及创新意识。

知识目标

1. 了解毫米波雷达的工作原理、结构及特点。

2. 熟悉毫米波雷达测速、测距的原理及分类。

3. 熟悉毫米波雷达的应用。

技能目标

1. 能够熟练使用毫米波雷达安装时所需的工具。

2. 能够熟练使用 CAN 通信仪进行毫米波雷达的品质检测。

3. 能够独立完成毫米波雷达的安装并牢记注意事项。

任务 7.1 智能网联汽车毫米波雷达认知

——巧夺天工处处有奇迹，独具匠心行行出状元。

任务导入

售后服务经理安排给学员一个检测、维修毫米波雷达的任务，实习生小李作为维修团队人员，对业务还不熟悉，经理要求小李进行激光雷达知识的学习，制订解决方案，完成任务。你知道小李需要学习毫米波雷达的哪些基本知识吗？

任务描述

通过对毫米波雷达的学习，提升独立思考、分析和处理问题的能力；了解毫米波雷达的分类；掌握毫米波雷达的基本结构和特点；掌握毫米波雷达的工作原理；了解毫米波雷达的应用。

知识链接

一、毫米波雷达的定义

毫米波雷达
的认知

毫米波雷达是指工作频率介于微波和光之间，在30~300GHz频域（波长为1~10mm，即1mm波段）的雷达。毫米波雷达通过发射无线电信号（毫米波波段的电磁波）并接收反射信号来测定汽车车身周围的物理环境信息（如汽车与其他物体之间的相对距离、相对速度、角度等），感知系统根据所探知的物体信息进行目标追踪和识别分类，进而结合车身动态信息进行数据融合，完成合理决策，降低事故发生概率。

1. 毫米波雷达的优点

1）探测性能优异。毫米波波长较短，探测时不受颜色与温度的影响。

2）响应速度快。毫米波的传播速度与光速一样，并且其调制简单，配合高速信号处理系统，可以快速地测量出目标的角度、距离、速度等信息。

3）环境适应性强。毫米波具有很强的穿透能力，在雨、雪、大雾等恶劣天气依然可以正常工作，由于其天线属于微波天线，相比于光波天线，它在大雨及轻微上霜的情况下依然可以正常工作。

4）抗干扰能力强。毫米波雷达一般工作在高频段，而周围的噪声和干扰处于中低频区，基本上不会影响毫米波雷达的正常运行，因此，毫米波雷达具有抗低频干扰特性。

2. 毫米波雷达的缺点

1）毫米波在空气中传播时会受到空气中的氧分子和水蒸气的影响，这些气体的谐振会对毫米波频率产生选择性吸收和散射，大气传播衰减严重。

2）毫米波雷达传输的是不可见的电磁波，因此它无法检测上过漆的木头或是塑料，行人的反射波也较弱。同时，毫米波雷达对金属表面非常敏感，一个弯曲的金属表面会被误认为是一个面积很大的表面。因此，马路上的一个小小的易拉罐甚至也可能被毫米波雷达判断为很大的路障。此外，毫米波雷达在隧道里的效果同样不佳。

3）无法识别交通标志、交通信号灯和道路标线。

二、毫米波雷达的分类

1. 按有效探测范围进行分类

毫米波雷达检测具有全天候工作的能力。根据毫米波雷达的有效探测范围，车载毫米波雷达可分为长距离雷达（LRR）、中距离雷达（MRR）和短距离雷达（SRR）。实际应用中，

LRR 和 MRR 通常布置在车辆前方，用于检测前方较远范围内的目标；SRR 通常布置在车辆四角位置，用于检测侧前方、侧后方等范围内的目标。不同雷达的特征见表 7-1。

表 7-1　毫米波雷达简介

分类	LRR	SRR/MRR
覆盖距离	280m	30~120m
车速上限	250km/h	150km/h
精度	空间分辨率一般为 0.5m	近距离精度可达厘米级
应用场景	自适应巡航（ACC）	即时监测车辆周围环境
代表产品	大陆	博世

2. 按频段进行分类

毫米波雷达的工作频段包括 24GHz、60GHz、77GHz 和 79GHz 等，频率不同，探测距离也不同，主流工作频段为 24GHz 和 77GHz，分别应用于中短距和中长距测量。图 7-1 所示为不同频率毫米波雷达的主要功能，24GHz 毫米波雷达主要用于 50~70m 的中、短程探测，实现盲点监测（BSD）、变道辅助（LCA）、自动泊车辅助（PA）等功能。相较 24GHz，77GHz 毫米波雷达对物体分辨的准确度可提高 2~4 倍，测速和测距精确度提高 3~5 倍，能检测行人和自行车，且设备体积更小，更便于在车辆上安装和部署。长距离雷达的探测范围更广，可适配行驶速度更快的车辆，但相应地探测精度下降，因此更适用于 100~250m 的中、远程探测，如自适应巡航（ACC）、前向碰撞预警（FCW）、自动紧急制动（AEB）这类的应用。典型的长距离雷达有博世集团的一款产品，其探测前向距离为 250m；典型的短距离雷达有大陆集团的一款产品，其探测距离为前向 60m、后向 20m。

毫米波雷达的分类

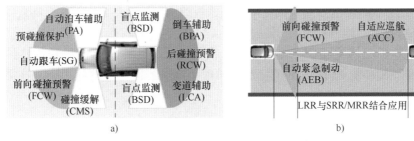

a)　　　　　　　　　　　　　b)

图 7-1　不同频率毫米波雷达的主要功能
a）24GHz　b）77GHz

小知识

　　为实现自动驾驶辅助系统的各项功能，一般需配置"1长+4中短"一共5个毫米波雷达，目前全新奥迪A4采用的就是"1长+4短"的5个毫米波雷达的配置。以ACC功能为例，一般需要3个毫米波雷达。车正中间安装一个77GHz的LRR，探测距离为150~250m，角度为10°左右；车两侧各安装一个24GHz的MRR，角度为30°，探测距离为50~70m。

三、毫米波雷达的结构

　　毫米波雷达的结构如图7-2所示，主要包括雷达整流罩、天线PCB板、雷达机身、芯片（MMIC）、压铸底板等。

毫米波雷达的
结构原理

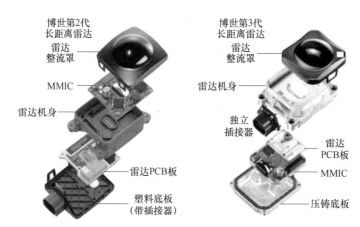

图 7-2　毫米波雷达的结构

　　天线是毫米波雷达有效运行的关键设计之一，天线以高频印制电路板的方式设计、集成在基板上。由于需要在一个小的集成空间内保持足够的天线信号强度，因此毫米波雷达对高频印制电路板的技术要求很高。

　　雷达的收发芯片通常使用一种特殊的半导体，如硅锗（SiGe）双极晶体管、CMOS等。基于硅锗双极晶体管的77Hz毫米波雷达系统可以满足汽车的应用需求，是早期应用比较广泛的毫米波雷达方案，但它占用了大量集成电路板的空间，而且成本较高。随着半导体技术的进步，CMOS在数字电路中的应用越来越广泛，成本相对较低，可以应用于毫米波电路。与传统的硅锗双极晶体管相比，CMOS可以在低电压下工作，降低了功耗。虽然CMOS在低频区存在较大的噪声问题，但在77~79GHz车载毫米波雷达的应用中，这类问题并不突出。

四、毫米波雷达的工作原理

　　根据辐射电磁波方式不同，毫米波雷达主要有脉冲体制和连续波体制两种工作体制。其中连续波又可以分为频移键控（FSK）、相移键控（PSK）、恒频连续波（CW）、调频连续波（FMCW）等方式，见表 7-2。

表 7-2 车载毫米波雷达工作机制对比

工作方式	脉冲体制（脉冲多普勒雷达）	连续波体制		
		CW	FSK	FMCW
特点	近距离目标信息测量技术较成熟 测量过程简单，测量精度较高	可探测目标速度	可探测移动目标的位置与速度 探测时间短，精度高	能同时测出多个目标的距离和速度，可对目标连续跟踪，灵敏度高，错误报警率低 不易受外界电磁噪声干扰 测量距离远，分辨率高 所需发射功率低 成本较低
不足	当测量近距离目标时，脉冲收发时间短，需采用高速信号处理技术，结构复杂，成本高 高分辨率需占用大带宽	不能测量距离	不能同时测量多个目标	

　　脉冲机制测量原理简单，但由于受技术、元器件等方面的影响，在实际应用中很难实现。采用脉冲机制的毫米波雷达需在很短的时间（一般都是微秒数量级）内发射大功率的脉冲信号，通过脉冲信号控制雷达发射装置发射出高频信号，因此在硬件结构上比较复杂，成本高。除此之外，在高速路上行驶的车辆，其回波信号难免会受到周围树木、建筑物的影响，使回波信号衰减，从而降低接收系统的灵敏度。如果收发采用同一个天线，则在对回波信号进行放大处理之前，应将其与发射信号进行严格的隔离，否则会因为发射信号的窜入而导致回波信号放大器饱和或者损坏。为了避免发射信号窜入接收信号中，需进行隔离技术处理，通常情况下，采用环形器或者使用不同的天线收发以避免发射信号的窜入，但这样就导致硬件结构的复杂性增加，产品成本高。故在车用领域，脉冲机制运用较少。

　　目前，大多数车载毫米波雷达都采用 FMCW。采用 FMCW 的毫米波雷达结构简单，体积小，可以同时得到目标的相对距离和相对速度。它的基本原理是当发射的连续调频信号遇到前方目标时，会产生与发射信号有一定延时的回波，再通过雷达的混频器进行混频处理，而混频后的结果与目标的相对距离和相对速度有关。

1. 毫米波雷达的工作路径

　　图 7-3 所示是毫米波雷达的工作路径简图。车载毫米波雷达通过天线向外发射毫米波，接收目标反射信号，经后方处理后快速准确地获取汽车车身周围的物理环境信息（如汽车与其他物体之间的相对距离、相对速度、角度、运动方向等），然后根据所探知的物体信息进行目标追踪和识

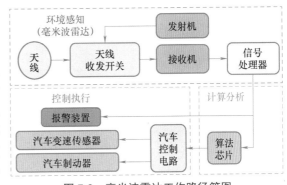

图 7-3 毫米波雷达工作路径简图

别分类，进而结合车身动态信息进行数据融合，最终通过中央处理单元（ECU）进行智能处理。经合理决策后，以声、光及触觉等多种方式告知或警告驾驶人，或及时对汽车做出主动干预，从而保证驾驶过程的安全性和舒适性，减少事故发生概率。

2. 测量原理

以 FMCW 雷达为例介绍毫米波雷达的测量原理。毫米波雷达由发射天线发出电磁波，接收天线接收到雷达回波并解调后，雷达处理芯片对模拟信号进行数字采样（A-D），并进行相应的滤波（Digital LPF），如图 7-4 所示，进一步使用快速傅里叶变换算法（FFT）将信号转换为频域，然后再寻找信号中的特定特征（如信号强度、频率变化等），获取目标的位置以及速度等测量信息，并对目标进行编号和跟踪。

（1）测距原理　雷达调频器通过天线发射毫米波信号，发射信号遇到目标后，经目标反射会产生回波信号。发射信号与回波信号相比，形状相同、时间上存在差值。以雷达发射三角波信号为例，发射信号与回波信号对比如图 7-5 所示。

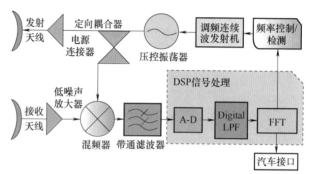

图 7-4　FMCW 毫米波雷达信号收发与数据处理过程示意图

发射信号与回波信号间的频率差值直接取决于和目标之间的距离。距离越大，则发射信号接收的往返时间越长，并且发射频率与接收频率间的差值越大，如图 7-6 所示。

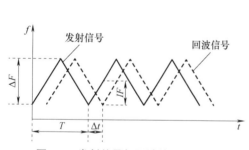

图 7-5　发射信号与回波信号对比图

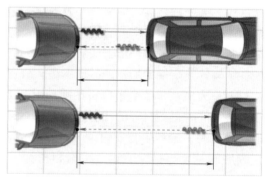

图 7-6　应用 FMCW 调制的毫米波雷达测距示意图

（2）测速原理　当目标与雷达信号发射源之间存在相对运动时，发射信号与回波信号之间除存在时间差外，频率上还会产生多普勒位移。例如，当前方车辆快速行驶时，车距加大，由于多普勒效应，反射信号（Δf_D）的频率将变小，这将导致上坡频率（Δf_1）和下坡频率（Δf_2）产生差值，如图 7-7 所示。

（3）测量方位角原理　被监测目标的方位角测量原理如图 7-8 所示，毫米波雷达的发射天线 TX 发射出毫米波后，遇到被监测物体时会被反射回来，通过毫米波雷达并列的接收天线 RX1、RX2 接收到的同一监测目标反射回来的毫米波的相位差，就可以计算出被监测目标的方位角。

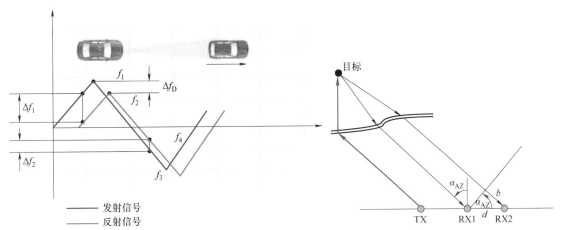

图 7-7   应用 FMCW 调制的毫米波雷达测速原理图   图 7-8   FMCW 雷达测量方位角原理示意图

五、毫米波雷达在智能网联汽车中的应用

毫米波雷达可实现自适应巡航控制、前向防撞预警、盲点监测、辅助停车、辅助变道、自主巡航控制等先进的巡航控制功能。为了满足不同探测距离的需要，可以组合配置各种短程、中程和远程毫米波雷达。根据实现功能的不同，从毫米波雷达类型、数量以及安装位置上，都需要进行最优设计和配置。下面通过几类典型的智能网联汽车应用，介绍毫米波雷达的特点、配置方式和实现的主要功能。

毫米波雷达的
应用和发展

1. 自适应巡航（ACC）系统

ACC 是一种驾驶辅助功能，它可以按照设定的车速或距离跟随前车，或者根据前车的车速主动控制自车的行驶速度，使车辆与前车保持安全舒适的距离。ACC 可以有效地解放驾驶人的脚，提高驾驶安全性和舒适性。

如图 7-9 所示，在车辆行驶过程中，安装在车辆前部的毫米波雷达连续扫描车辆前方环境，车辆的轮速传感器或其他车速传感器采集车速信号。当检测到前车，且根据自车车速、两车相对速度等判断距前车距离过小时，ACC 系统可与 ABS 和发动机控制系统协调动作，适当制动车轮，降低发动机输出功率，使前车与后车始终保持安全距离，实现步骤如图 7-10 所示。

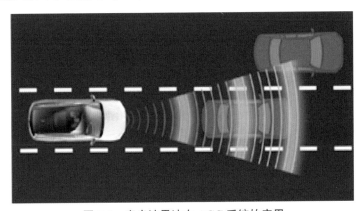

图 7-9   毫米波雷达在 ACC 系统的应用

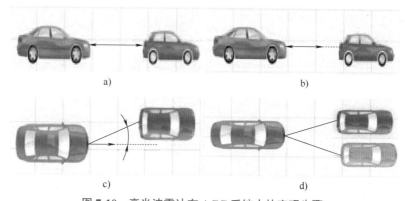

图 7-10　毫米波雷达在 ACC 系统中的实现步骤

a）确定与前车车距　b）确定前车速度　c）确定前车位置　d）确定调节车速

2. 自动紧急制动 AEB 系统

AEB 是自动驾驶系统的重要功能之一。对高速公路上突然减速的车辆或市区交叉路口突然出现的行人，驾驶人往往反应不及而导致交通事故。AEB 系统可对周围路况进行精确感知评估，协助驾驶人进行制动，部分工况下可全面接管对车辆的控制。

据相关统计表明，绝大多数交通事故是由于驾驶人注意力不集中造成的，AEB 可以有效减少因注意力不集中导致的追尾事故。

3. 变道辅助 LCA 系统

汽车 C 柱有一个视野盲区，因此车辆在变道的时候容易产生危险。如图 7-11 所示，变道辅助系统通过雷达来监控本车侧后方的区域，可以在一定范围内探测到邻近车道上其他车辆的当前位置、行驶速度、行驶方向。如果一辆车处于视野盲区或以很快的速度从后面接近本车，那么车外后视镜上的警告信号就会一直亮着来提醒驾驶人。如果此时驾驶人操纵了转向灯，那么车外后视镜上的警告信号灯就会闪烁，提醒驾驶人有撞车的危险。

图 7-11　变道辅助系统示意图

4. 前方碰撞预警 FCW 系统

如图 7-12 所示，前方碰撞预警系统能够通过雷达系统来时刻监测前方车辆，判断本车与前车之间的距离、方位及相对速度，当存在潜在碰撞危险时通过仪表图像、声音及触觉（短促制动）等形式对驾驶人进行预警。

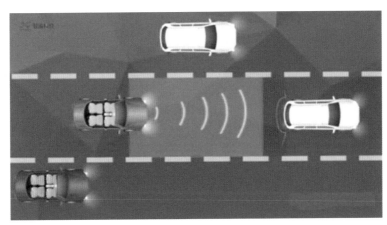

图 7-12　前方碰撞预警系统

5. 盲点监测（BSD）系统

盲点探测系统简称很多，如盲点警示（Blind Spot Warning，BSW）、盲点监视器（Blind Spot Monitor，BSM）、盲点信息系统（Blind Spot Information System，BLIS）等。中文简称最常用的就是并线辅助，日常中也有盲区监测、盲点侦测、盲点监测等多种叫法。

如图 7-13 所示，BSD 根据其对运动物体相对位置和车辆相对速度的判断，监测车辆盲区，及时提醒驾驶人注意车道变换的风险。当有碰撞危险时，它会迅速通过声音、灯光等发出提醒，以降低碰撞发生的概率。

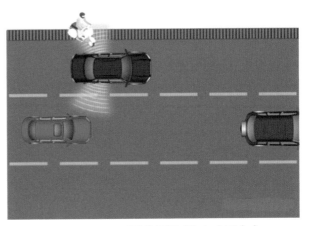

图 7-13　BSD 系统的环境感知与交互方式

6. 自动泊车（APA）系统

图 7-14 所示为装有毫米波雷达的 APA 系统。APA 系统是生活中最常见的泊车辅助系统。基于毫米波雷达的 APA 系统，由多个毫米波雷达和 APA 控制器组成，是实现了探测距离更远、探测精度更高、抗干扰能力更强的精准泊车系统。

7. 生命体征检测

图 7-15 所示为通过毫米波雷达探测生命体征。车内人员监控系统（Occupancy Monitoring System，OMS）能有效避免儿童、宠物被遗忘在车内，保障驾乘安全，提高座舱的安全系数；驾驶人监控系统（Driver Monitoring System，

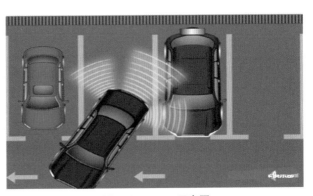

图 7-14　APA 示意图

DMS），为驾驶人提供心跳、呼吸的实时安全监测，避免驾驶人因身体突发不适造成危险驾驶。

以上几种应用中，AEB、FCW、LCA、ACC、BSD 等驾驶辅助功能在量产车型上不断渗透覆盖，逐渐成为中高端车型的标配，如宝马 X7、蔚来 ES6、理想 ONE、广汽新能源 Aion LX 80、东风日产 2021 款奇骏、爱驰 AI-Pilot、长安欧尚 X7 PLUS 等。

目前搭载生命体征检测的量产车型还很少。自动代客泊车是基于 L4 级的自动驾驶应用场景，目前自动驾驶还处于 L2 级，所以量产的车型也很少，不过也有相关的车型搭载，如红旗 SUV E-HS9。

图 7-15　毫米波生命监测雷达

六、毫米波雷达的发展趋势

4D 成像雷达是一种延伸的毫米波雷达，相比于传统毫米波雷达，4D 成像雷达通过高分辨率点云来感知汽车周围环境，从而增强环境测绘和场景感知能力。在复杂的城市场景下，可通过这些图像对各种目标进行分类，包括弱势道路使用者和各种道路车辆。

目前在前装市场，4D 成像雷达刚刚进入量产起步期，包括大陆集团、采埃孚、傲酷、华为等公司的第一批量产定点及交付正在进行中。

🏠 任务实施

从毫米波雷达的定义与特点、毫米波雷达的分类、毫米波雷达的结构与参数、毫米波雷达的工作原理、毫米波雷达的应用等方面，进行毫米波雷达的学习。与客户沟通，完成信息收集、故障排查、解决方案制订。

1）信息收集。记录客户信息和车辆信息（如毫米波雷达在车上的位置，如图 7-16 所示），进行车况检查并记录。

2）故障排查。观察毫米波雷达的外形，查阅毫米波雷达的定义、特点和不同分类方式等资料，确定该毫米波雷达的类型。连接 CAN 分析仪，观察该毫米波雷达的故障现象，发现毫米波雷达调试界面障碍物信息无法动态更新，如图 7-17 所示。

图 7-16　毫米波雷达在车上的位置

可能原因分析：

① 毫米波雷达供电异常。

② 相关线束电路故障（短路、断路、虚接等）。

③ 毫米波雷达自身故障（接受、发射等内部问题）。

④ 毫米波雷达与显示系统总线通信故障。

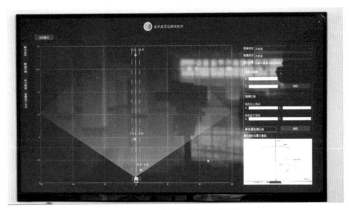

图 7-17　毫米波雷达故障

3）制订解决方案。根据故障排查情况，制订诊断流程，如图 7-18 所示。

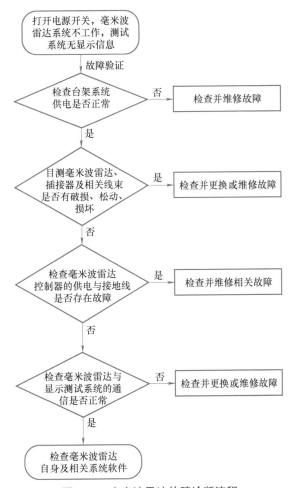

图 7-18　毫米波雷达故障诊断流程

4）完成任务工单，进行自我反思与评价。

任务 7.2　智能网联汽车毫米波雷达装调与检测

——科学是人生中最重要的、最美好的和最需要的东西。

任务导入

车厂技术人员检查发现某车辆前向毫米波雷达损坏，需要拆卸毫米波雷达进行维修检测。作为一名初级技术员，你如何完成毫米波雷达的拆卸和安装？

任务描述

通过对毫米波雷达的安装、调试、测试和检测的学习和实践操作，能够使用安装毫米波雷达所需的工具；能够使用工具和仪器进行毫米波雷达的品质检测；能够完成毫米波雷达的装调与测试；弘扬工匠精神，树立认真负责的工作态度，培养持之以恒、精益求精的精神。

知识链接

车载毫米波雷达安装于车辆前部的进气隔栅或者前后部的保险杠位置。雷达天线罩指向车辆行驶方向，接插件朝下。在理想情况下，雷达安装的前端天线罩前方最好不要有额外的覆盖件或者经过喷涂的保险杠。如果雷达必须安装于覆盖件之后，例如保险杠或者其他的覆盖件，需要特别注意覆盖件的材料选择、形状设计、涂料以及雷达的相对位置。覆盖件表面的水滴、水膜和积雪都可能引起额外的信号衰减并进一步导致性能和功能受限。

一、毫米波雷达的品质检测

1. 前期准备

1）工具准备：直流电源、电源线、万用表、毫米波雷达，毫米波雷达插接线、CAN 分析仪、螺丝刀、USB 数据线、实训台架。

2）外观识别毫米波雷达端口插头管脚，见表 7-3。

3）ESRR 角雷达（短距）、EMRR 前向雷达（中距）的 CAN 接口上的功能包括：

① 输出原始测量点迹和跟踪后的目标航迹信息。

② 输出雷达运行状态、故障信息。

③ 固件及标定参数刷写。

④ 车身信号接收，如车速、横摆速率等信号。

⑤ 雷达工作参数，可以配置各种过滤条件、碰撞区域、报警输出以及雷达工作模式等参数。

表 7-3　毫米波雷达端口插头管脚

雷达端口插头 8 管脚定义	管脚	符号	颜色	功能
	1	VBAT	红	9~36V 直流电源
	2	GND	绿	地
	3	CAN0-L	黄	保留
	4	CAN0-H	绿	
	5	CAN1-L	蓝	雷达数据接口
	6	CAN1-H	橙	
	7	HSD OUT1	白	高边驱动输出口 1
	8	HSD OUT2	褐	高边驱动输出口 2

2. 毫米波雷达品质检测步骤

1）直流电源上电。使用电源线连接电源和台架电源，打开直流电源开关，将直流电源电压调整为 12V，电流调整为 1A，将万用表拨到直流档位，将红表笔插入直流电源正极，将黑表笔插入直流电源负极。打开直流电源输出按钮，观察万用表电压读数接近 12V，接下来关闭直流电源输出，拔下万用表表笔。

2）线束连接。毫米波雷达线束中红色线为电源正极，黑色线为电源负极，蓝色线为 CAN-L 线，橙色线为 CAN-H 线，将毫米波雷达红色线束接入电源正极，将黑色线束接入负极，打开直流电源输出按钮，将万用表拨到直流档位，测量毫米波雷达插头输出电压，关闭直流电源输出按钮，将毫米波雷达橙色线束连接 CAN-H 端口，将蓝色线束连接 CAN-L 端口，连接 USB 线束，连接毫米波雷达接插件，并检查牢固性，毫米波雷达水平横置，打开直流电源输出按钮，打开电脑中的上位机软件，单击 CAN 进行 CAN 配置，工具选择 CAN 总线分析仪，格式选择默认，单击应用，然后单击关闭。

3）雷达配置。选择前向雷达，即选择零号雷达类型为 VERSLL，其他选项默认，单击应用，再选择 START，在软件界面的左侧可以显示障碍物的运动属性，右侧显示障碍物的坐标、速度等。

二、毫米波雷达的安装

1. 毫米波雷达的安装步骤

1）选取毫米波雷达安装位置。正向毫米波雷达一般布置在车辆中轴线，外露或隐藏在保险杠内部。不同的车型毫米波雷达的安装高度有一定的经验值范围。侧向毫米波雷达安装在车辆四角，呈左右对称布置，一般侧方毫米波雷达横向角度为 40° 左右。

将车辆停放在水平位置，否则会影响毫米波雷达的安装精度。在前、后向检测及相关应用中，MR76 安装距离地面 0.4~1.5m。

2）在雷达方位确定后，确定雷达安装在保险杠内部还是外部。

安装在车外保险杠上的安装要求：

① 安装时尽量远离车身内的信号天线。

② 安装时远离大的用电设备频繁启动的位置。

毫米波雷达
的装配

③ 天线面朝外（正方向），接插件口面向驾驶人。

④ 毫米波雷达不支持热插拔，如果系统内部检测发现错误，可能会导致雷达功能不正常，甚至导致雷达重启。

⑤ 确保不会造成固定位置的变形，锁紧力矩不能超过 7N·m。

⑥ 禁止在雷达天线面打胶。

安装在车内保险杠上的安装要求：

① 第 2 发射面尺寸大于雷达发射角度。

② 保险杠材料必须是电解质传导系数很小的材料，以减小对雷达波束的扭曲和衰减，不能有金属或金属材料涂层。

③ 选择曲面光滑的区域，避开拐角或厚度变化的区域。

④ 保险杠厚度是毫米波雷达波长一半的整数倍。

3）以安装在车内保险杠上为例

① 打开并拆下前机舱盖。

② 使用螺丝刀拆下前保险杠上的固定螺栓。

③ 使用螺丝刀拆下前保险杠两侧翼的固定螺栓，并向外用力断开其内部卡扣。

④ 取下前机舱保险杠。

⑤ 将毫米波雷达放在安装位置上，使用内六角扳手，依次紧固毫米波雷达的 3 颗固定螺栓，并按规定力矩拧紧。

⑥ 按照从计算平台到雷达传感器的顺序进行布线。首先将线束连接至计算平台的 CAN 总线插接器，然后沿着布线槽、贴着右侧底盘边缘布线，通过防火墙的布线孔进入前机舱，沿着机舱边缘固定，最后连接至毫米波雷达插接器。

⑦ 安装前保险杠，并固定螺栓。

⑧ 敲击侧翼饰板，使其固定到位，并安装固定螺栓。

2. 毫米波雷达安装注意事项

1）安装前向毫米波雷达时，插接器一侧应朝向驾驶人侧，目的是使雷达天线面朝车辆正前方检测车辆前方障碍物，后向则相反。

2）在选取前后向毫米波雷达安装位置时，尽量选取在车辆纵向中心线上，否则偏置距离过大会影响雷达的有效探测范围。

3）车辆上线束布置有一定要求：线束布置应具备良好的隐蔽性和外表的美观性；线束布置应尽量远离运动机构，避免相互干涉；线束布置还要考虑防水、隔热、振动、电磁干扰等影响因素，需要对线束做好充分的保护。

三、毫米波雷达的调试

毫米波雷达调试主要包括雷达连接设置、雷达配置、雷达启动、数据记录查看、距离标定、角度标定、坐标系缩放、碰撞区域设置等。

1）雷达连接设置。

2）雷达启动。鼠标左键单击软件左上的＜启动雷达＞按钮，启动后，界面显示的蓝色圆圈表示毫米波雷达检测到的目标，蓝色圆圈上的数据是目标在坐标系中的坐标，坐标原点为车头原点。

3）雷达配置。

4）数据记录查看。数据记录用于显示雷达反馈的数据，主要包含雷达状态信息、目标通用消息等，通过查看雷达状态信息，确定步骤3）雷达配置是否已实现。

5）毫米波雷达距离标定。毫米波雷达距离标定用于检测雷达的正前方探测精度，使用卷尺在距离雷达正前方 1m、3m、5m 处分别做标记，并在标记处放入目标物品，在界面"距离标定"下拉框中选择 3m 距离，当毫米波雷达检测到前方 3m 处有目标时，红线变为蓝线，表示测距精度准确，雷达精度在 ±0.2m 左右。

6）毫米波雷达角度标定。毫米波雷达角度标定用于检测雷达的角度探测精度，在毫米波前方探测范围，使用卷尺配合角度尺在距离雷达 ±45° 画斜线，斜线分别与纵向 3m（或5m）处产生交汇点并做标记，在标记处放入目标物品。

7）毫米波雷达碰撞区域设置。毫米波雷达碰撞区域用于指定某片区域为碰撞区域，为自动驾驶安全制动提供算法需求。指定碰撞区域后，当有目标在区域内时，则以红色圆圈来标记其是危险的。

8）毫米波雷达坐标系缩放。毫米波雷达坐标系缩放用于设置检测目标范围，默认检测范围为水平 30m、纵向 15m。

四、毫米波雷达性能测试

1. 测试环境要求

由于毫米波多径效应和目标体效应的影响，需要对毫米波雷达的测试环境做出一定的场地设计要求，包括静态测试环境（图 7-19）和路测试环境两种。

1）静态测试是指毫米波雷达固定在指定位置，在测试台架上完成的测试，主要完成目标特性及雷达基本功能的检测任务，分为非干扰测试环境和干扰测试环境。

① 非干扰测试环境要求目标背景干净，避免金属反射体、建筑体、行人等噪点进入测试环境，应选择空旷环境或微波暗室内进行。毫米波雷达短距离模式最远作用距离 70m，长距离模式最远作用距离 250m；安装台上雷达的地面绝对高度控制在 0.8~1m 范围内；地面平整、无坡度，以砂石、水泥或低矮草地为主。

② 干扰测试环境是为了模拟车体运动状态下真实单帧反射特征和停车状态下目标的前景和背景信息所采用的一种测试手段，测试环境可按实际选择，安装台上雷达的地面绝对高度控制在 0.8~1m 范围内。

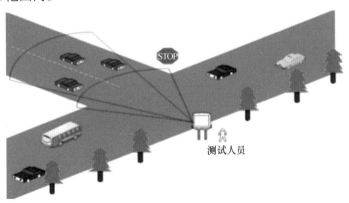

图 7-19 静态干扰测试环境示意

2）路测环境要求充分模拟实车行驶的道路环境，模拟动态测试（图7-20）和随机测试车体运动状态下的雷达回波信息及算法健壮性和功能完善性。要求从用户实际使用的角度出发，通过实车路试的方式，在充分考虑各种测试场景的基础上完成检测任务，记录测试信息。

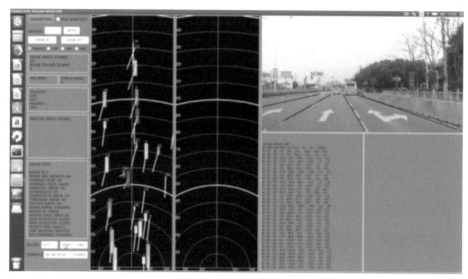

图 7-20 模拟动态测试

2. 测试一：正向最远探测距离（D_Max）

1）测试环境1：静态非干扰环境 非干扰测试环境下，可用角散射体（RCS：1-30dB）模拟目标障碍物，黑色点位为测试目标点，如图7-21所示。测试指标包括：实测点的 X（m）、Y（m）、RCS（dB）、X向偏移量（m）、Y向偏移量（m）。

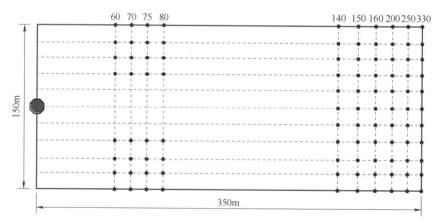

图 7-21 静态非干扰环境下的最远探测距离点位布置

2）测试环境2：静态干扰环境 静态干扰环境是将雷达定点摆放，测试不同类型的车辆进入雷达可视范围的极限位置。要求测试车辆类型包括货车、轿车、公共汽车等具有特征的车辆。

3. 测试二：距离精度测量

测试环境：静态非干扰环境。

被测目标：角散射体（RCS 为 10dB，77GHz）。

测试步骤：非干扰测试环境下，可用角散射体（RCS：1~30dB）模拟目标障碍物，测试点位如图 7-22 所示，主要测试目标中心点位置信息。

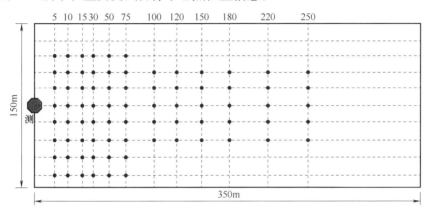

图 7-22　距离精度测试点位布置

五、毫米波雷达故障检测

智能仪表提示"高级驾驶辅助系统 ADAS 存在故障"，其中自动紧急制动（AEB）、前方碰撞预警系统（FCW）、自适应巡航控制系统（ACC）功能受限不可使用。

1. 故障检测前防护

检测前防护包括个人防护和设备安全防护。个人防护为穿着防护手套，设备安全防护为铺设上格栅和翼子板防护。

2. 故障分析

学生通过故障诊断仪或调试软件发现毫米波雷达通信存在问题。分析可能的故障原因。

毫米波雷达 CAN
总线故障检测

3. 故障检测

1）使用万用表电压档测量针脚 8 和针脚 5 之间电源电压，正常测量值应为 12V。

2）使用万用表测量 CAN-H，一只表笔接针脚 4，另一只表笔接搭铁，正常测量值应为 2.6V 左右（因外接台架存在线阻，测量的电压值稍有偏差）。

3）使用万用表测量 CAN-L，一只表笔接针脚 3，另一只表笔接搭铁，正常测量值应为 2.4V 左右（因外接台架存在线阻，测量的电压值稍有偏差）。

4）使用示波器测量 CAN-H，将测量探头连接针脚 4，接地夹搭铁，正常测量值应为 2.5~3.5V。

5）使用示波器测量 CAN-L，将测量探头连接针脚 3，接地夹搭铁，正常测量值应为 1.5~2.5V。

6）经过以上测量发现 CAN-H 波形接近 0V，存在断路故障。

4. 故障修复

维修或更换相同型号的电路，设备/车辆恢复正常状态，故障排除后，撤除防护。

任务实施

一、任务准备

设备准备：智能网联教学车（图 7-23）、智能传感器装配调试台架（图 7-24）。

图 7-23　国汽智联教学车

图 7-24　和绪智能网联教学车及台架

工具 / 仪器准备：小螺丝刀套装，内六角扳手、CAN 总线分析仪、调试电脑、数字万用表、示波器。

二、毫米波雷达安装

正向毫米波雷达一般布置在车辆中轴线，外露或隐藏在保险杠内部。侧向毫米波雷达安装在车辆四角呈左右对称布置，该实训车侧方毫米波雷达横向夹角为 40°，横向夹角误差为 3°，如图 7-25 所示。不同车型雷达的安装高度是有一定的经验值范围的，一般建议在 500~800mm 之间。

正向毫米波雷达横向水平角为 0±3°

侧向毫米波雷达横向水平角为 40°±3°

图 7-25　毫米波雷达安装角度

装配操作工具准备：将前向毫米波雷达、侧向毫米波雷达、安装工具套筒扳手、用来测量雷达横向角度的水平仪及角度尺、螺丝刀整齐摆放至操作台，如图 7-26 所示。

图 7-26　毫米波雷达装配工具

安装前向毫米波雷达，预紧校准水平仪并打开，放在良好平面校零。使用水平仪测量毫米波雷达的俯仰角应为 0±3°。预紧毫米波雷达的另一边，一边预紧一边校零，角度值显示小于 3°，安装完成，如图 7-27 所示。

图 7-27 前向毫米波雷达装配

使用棘轮扳手预紧螺栓，并使用水平仪再次确认俯仰角，连接前向毫米波雷达线束插接器，并检查牢固性。

如图 7-28 所示，侧向毫米波雷达的安装与前向毫米波雷达相同，主要学会角度尺的使用。校准角度尺，将角度尺调整为 40°，固定角度尺。使用角度尺，确定毫米波雷达横向水平角应为 40°±3°，使用棘轮扳手预紧螺栓，并使用角度尺再次确认连接前方毫米波雷达插接件，并检查牢固性。

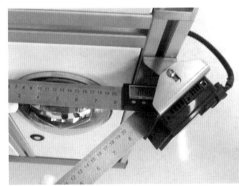

图 7-28 侧向毫米波雷达装配

三、毫米波雷达品质检测

准备工具如图 7-29 所示，包括：直流电源、电源线、万用表、毫米波雷达、毫米波雷达插接线、CAN 分析仪、螺丝刀、USB 数据线、实训台架。

实施步骤：

1）直流电源上电，如图 7-30 所示，使用电源线连接电源和台架电源，打开直流电源开关，将直流电源电压调整为 12V，电流调整为 1A，将万用表拨到直流档位，将红表笔插入直流电源正极，黑表笔插入直流电源负极。

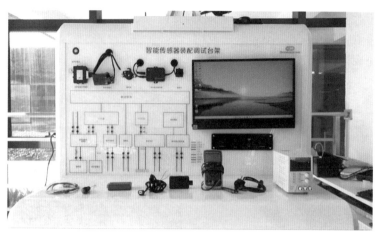

图 7-29　毫米波雷达品质检测工具

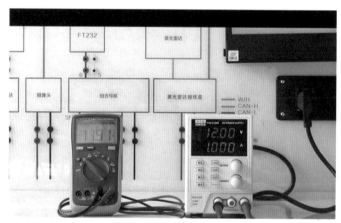

图 7-30　直流电源上电

2）打开直流电源输出按钮，观察万用表电压读数接近 12V，关闭直流电源输出，拔下万用表表笔。

3）如图 7-31 所示的毫米波雷达线束，红色线为电源正极，黑色线为电源负极，蓝色线为 CAN-L 线，橙色线为 CAN-H 线，将毫米波雷达红色线接入电源正极，黑色线接入负极，打开直流电源输出按钮，将万用表拨到直流档，测量毫米波雷达插头输出电压，观察万用表读数为 12V。

4）关闭直流电源输出按钮，将毫米波雷达橙色线连接 CAN-H 端口，蓝色线连接 CAN-L 端口，连接 USB 线束，连接毫米波雷达插接件，并检查牢固性。毫米波雷达水平横置，打开直流电源输出按钮，打开电脑的上位机软件，单击 CAN 进行 CAN 配置，工具选择 CAN 总线分析仪，格式选择默认，单击应用，然后单击关闭。

5）进行雷达配置。如图 7-32 所示，选择雷达的安装位置，前向雷达即选择零号雷达类型，使用 VERSLL，其他选择默认，单击应用，再选择 START。如图 7-33 所示，在软件的左边可以显示所检测障碍物的运动属性，右边为障碍物的坐标、速度等。

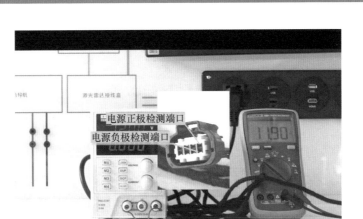

图 7-31　毫米波雷达插头

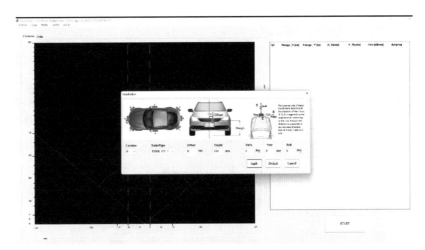

图 7-32　毫米波雷达配置选择

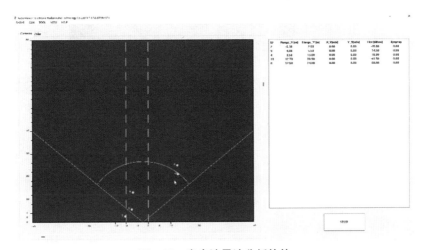

图 7-33　毫米波雷达分析软件

四、毫米波雷达 CAN 总线故障检测

1. 工具准备

毫米波雷达故障检测所用工具有数字万用表和示波器，如图 7-34 所示。

图 7-34　毫米波雷达故障检测所用工具

2. 设置故障

双击打开毫米波雷达测试软件，单击启动雷达按钮，软件调试界面上显示实时的毫米波雷达探测到的障碍物信息。如图 7-35 所示，用平板设置故障，打开故障设置 App，设置毫米波雷达 CAN-H 线断路故障，当按钮变为红色时，即说明故障设置成功。观察故障现象，毫米波雷达调试界面障碍物信息无法动态刷新。

图 7-35　设置毫米波雷达故障

3. 故障分析

可能的故障原因有：

1）毫米波雷达电源或者搭铁故障。

2）CAN 总线通信故障。

3）毫米波雷达本体故障。

4）计算平台本体故障。

4. 故障检测

1）测量毫米波雷达搭铁是否正常。如图 7-36 所示，使用万用表检测毫米波雷达搭铁点

与正常搭铁点的电阻，将万用表打开到电阻档，将红、黑表笔分别连接毫米波雷达搭铁点和正常搭铁点，正常电阻应为不大于 1Ω。

图 7-36　毫米波雷达搭铁检测

2）测量毫米波雷达电源电压。如图 7-37 所示，将万用表旋转到电压档，将黑表笔连接搭铁点，红表笔连接电源端子，正常值应为 9~16V。

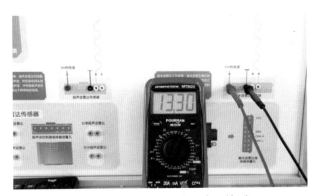

图 7-37　毫米波雷达电源电压检测

3）排查毫米波雷达的 CAN 总线是否正常。使用示波器测量毫米波雷达的 CAN 总线，两个探针分别连接毫米波雷达上的 CAN-H 和 CAN-L 测试端子，将示波器通道 1、通道 2 探头的搭铁夹分别连接搭铁点，打开示波器，如图 7-38 所示，正常 CAN-H 信号电压应在 2.5~3.5V，CAN-L 信号电压应在 1.5~2.5V，且电压波形呈对称分布。

4）测量毫米波雷达 CAN 信号电路的通断。断开供电总开关，如图 7-39 所示，断开毫米波雷达插头。将万用表开关旋转到电阻档，使用万用表测量毫米波与超声波之间 CAN-L 信号电路的电阻，将万用表的两个表笔分别连接毫米波雷达与超声波雷达 CAN-L 信号电路的测试端子，正常阻值应不大于 1Ω。

5）将红、黑表笔分别连接毫米波雷达与超声波雷达 CAN-H 信号电路的测试端子，正常阻值应不大于 1Ω，实测阻值为无穷大，判断 CAN-H 信号电路存在断路故障。

6）重新插上毫米波雷达插头，打开故障修复 App，关闭设置故障，毫米波雷达调试界面障碍物信息恢复正常，故障排除。

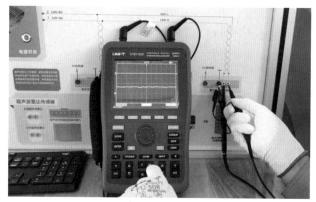

图 7-38　毫米波雷达 CAN 总线波形检测

图 7-39　毫米波雷达 CAN 信号电路通断检测

拓展知识

毫米波雷达市场格局

从国外主要毫米波雷达供应商的产品技术参数来看，各公司在毫米波雷达发展策略上各有不同。博世的毫米波雷达产品主要以 76~77GHz 为主，产品技术先进，主要包括 MRR（中距离）和 LRR（远距离）两个系列，其中 LLR4 产品最大探测距离可以达到250m，在同类产品中处于领先位置。

美国、欧洲和日本在车载雷达技术研究方面处于领先地位。现在越来越多的公司和供应商投入到汽车雷达系统研制、器件开发和算法研究当中。毫米波雷达系统目前主要供应商有大陆（Continental）、博世（Bosch）、海拉（Hella）、德尔福（Delphi）、奥托立夫（Autoliv）等，核心元器件主要供应商有英飞凌（Infineon）、德州仪器（TI）、意法半导体（ST）、亚德诺半导体（ADI）等。我国车载毫米波雷达尚属于起步阶段。

在 24GHz 雷达方面，我国少数企业研发已有成果，市场化产品即将问世，但在77GHz 毫米波雷达方面仍属于初级阶段，国内只有极少数企业能做到生产 77GHz 雷达的样机阶段，产业化进程仍待突破。不过，近些年国内创新创业厂商逐渐增长，如行易道科技、华域汽车、智波科技、森思泰克、意行半导体、清能华波、矽杰微电子、加特兰微电子等，并实现了部分核心技术的突破，相信打破国外企业垄断的局面指日可待！

项目小结

通过本项目学习了毫米波雷达的定义、特点、不同分类方式，基本结构，工作原理和应用；进行了毫米波雷达的安装、调试和检测的实践操作；能够使用毫米波雷达安装时所需的工具；能够使用工具和仪器进行毫米波雷达的品质检测；能够完成毫米波雷达装调与测试；在实际操作过程中，培养了学生动手实践能力，提升了学生质量意识、安全意识、节能环保意识、创新意识及团队合作意识。

习　题

1. 毫米波是指波长介于＿＿＿＿＿＿的电磁波。

2. 根据毫米波雷达的有效探测范围，车载毫米波雷达可分为＿＿＿＿、＿＿＿＿、＿＿＿＿。

3. 毫米波雷达系统主要包括＿＿＿＿、＿＿＿＿、＿＿＿＿、＿＿＿＿等。

4. 毫米波雷达系统的应用主要包括＿＿＿＿、＿＿＿＿、＿＿＿＿、＿＿＿＿、＿＿＿＿、＿＿＿＿、＿＿＿＿等。

5. 77GHz 雷达通常用于汽车 (　　　) 探测，一般装配 (　　　) 个。

A. 前，1　　　　　B. 前，2　　　　　C. 后，1　　　　　D. 后，2

6. 毫米波的波段在（　　　）。

A. 1GHz 以下　　　　　　　　　　B. 1~30GHz

C. 30~300GHz　　　　　　　　　　D. 300GHz 以上

7. （判断题）现阶段智能网联汽车上主要应用的是 24GHz 和 79GHz 毫米波雷达。(　　　)

8. 请说明毫米波雷达的优点。

项目 8

智能网联汽车视觉传感器

项目目标

素养目标

1. 提升独立思考、分析和处理问题的能力。
2. 提升实践操作能力。
3. 树立严谨的工作态度、团队合作意识和岗位职责意识。

知识目标

1. 了解视觉传感器的不同分类方式。
2. 掌握视觉传感器的工作原理、结构及特点。
3. 熟悉视觉传感器测速、测距的原理。
4. 熟悉视觉传感器的技术参数。

技能目标

1. 能够使用视觉传感器安装时所需的工具。
2. 能够使用工具和仪器进行视觉传感器的品质检测。
3. 能够完成视觉传感器的装调与测试。

任务 8.1　智能网联汽车视觉传感器认知

——工欲善其事，必先利其器。

任务导入

客户李女士来到某汽车销售服务中心进行车辆维修，经检查发现车辆的视觉传感器出现故障。实习生小李作为维修团队人员，对业务还不熟悉，小李的师傅要求小李进行视觉传感器相关知识的学习，帮助李女士查找故障原因，制订解决方案。你知道小李需要学习视觉传感器的哪些基本知识吗？

任务描述

通过对视觉传感器的学习，提升独立思考、分析和处理问题的能力；了解视觉传感器的不同分类方式；掌握视觉传感器的基本结构和特点；掌握视觉传感器的工作原理；了解视觉传感器的应用。

知识链接

一、视觉传感器的定义及特点

1. 视觉传感器的定义

车载视觉传感器是指通过对摄像头拍摄到的图像进行处理，对目标进行检测，并输出数据和判断结果的传感器。视觉传感器在智能网联汽车或无人驾驶汽车上的应用是以摄像头（机）的形式出现的，并搭载先进的人工智能算法，便于目标检测和图像处理。

视觉传感器是人工智能的一个分支，起源于 20 世纪 80 年代的神经网络技术，通过使用光学系统和图像处理工具等来模拟人的视觉能力捕捉和处理场景的三维信息，理解并通过指挥特定的装置执行决策。视觉传感器涉及多种技术，包括图像处理技术、机械工程技术、控制技术、电光源照明、光学成像、传感器、模拟与数字视频技术、计算机软硬件技术等。

一个典型的视觉传感器系统包括：光源、工业相机、工业镜头、图像处理单元、监视器、通信/输入输出单元等。其核心是图像处理单元，也就是把存入的大量数字化信息与模板库信息进行比较处理，并快速得出结论，其运算速度和准确率是关键指标。这主要通过高效合理的算法和处理能力强大的芯片来实现。

2. 视觉传感器的优点

1）视觉图像的信息量极为丰富，尤其是彩色图像。不仅包含有视野内物体的距离信息，而且还有该物体的颜色、纹理、深度和形状等信息。

2）在视野范围内可同时实现道路检测、车辆检测、行人检测、交通标志检测、交通信号灯检测等，信息获取面积大。

3）视觉信息获取的是实时的场景图像，环境适应性强。通过摄像头可以实现同时定位和建图，提供的信息不依赖于先验知识，如 GPS 导航依赖地图信息，有较强的环境适应能力。

4）与机器学习、深度学习等人工智能加快融合。

5）视觉传感器应用广泛，在智能网联汽车中可以用于前视、后视、侧视、内视、环视。

3. 视觉传感器的缺点

1）受限于数据库。

2）无法识别没有具体轮廓的障碍物。

3）工作准确率与外部光线条件有关。

二、视觉传感器的分类

视觉传感器也简称为摄像头，根据不同分类方式，摄像头有多种类型。

1. 按照摄像头的结构分类

根据摄像头的结构分类，一般分为单目摄像头、双目摄像头、三目摄像头和环视摄像头。

（1）单目摄像头　单目摄像头的优点是成本低廉，一般安装在前风窗玻璃上部，能够识别具体障碍物的种类，它的视野完全取决于镜头。焦距短的镜头，视野广，但缺失远处的信息，反之亦然，单目测距的精度较低。摄像头的成像图是透视图，即越远的物体成像越小。近处的物体需要用几百甚至上千个像素点描述，而处于远处的同一物体，可能只需要几个像素点即可描述出来。这种特性会导致越远的地方，一个像素点代表的距离越大。因此，对于单目摄像头来说，物体越远，测距的精度越低。单目摄像头的测距方式分为两种：

1）通过深度神经网络来预测深度，但这需要大量的训练数据。训练后的单目摄像头可以识别道路上最典型的参与者——人、汽车、重型货车、摩托车或是其他障碍物，还能对识别到的物体进行距离估计。

2）结合车辆的运动信息，用时序上的相邻帧进行"类双目视觉"的检测，这种方法也被称为时间主体视觉（Motion Stereo）或二维运动图像中的三维构建（Structure from Motion）。

（2）双目摄像头　相比于单目摄像头，双目摄像头没有识别率的限制，无须先识别，可直接进行测量，直接利用视差计算距离，精度更高，无须维护样本数据库。其成本比单目系统要高，但尚处于可接受范围内。双目摄像头的一个难点在于计算量非常大，对计算单元的性能要求非常高。双目测距本质上是利用相似三角形原理估算出双目摄像头与目标的距离信息。双目摄像头包含两个摄像机和两个镜头。两个摄像机在拍摄同一物体时，会得到该物体在相机成像平面的像素偏移量。根据像素偏移量、相机焦距 f 和两个视觉传感器的实际距离基线长 B 这些信息，通过数学换算即可得到物体的距离。

（3）三目摄像头　由于单目摄像头和双目摄像头都存在某些缺陷，而三目摄像头感知范围更大，是 3 个不同焦距的单目摄像头的组合。很多智能网联汽车采用了三目摄像头方案。其每个摄像头有不同感知范围：前视窄视摄像头（250m）、前视主视摄像头（150m）及前视宽视摄像头（60m）。三目摄像头同时标定 3 个摄像头，工作量大。软件部分需关联 3 个摄像头数据，对算法要求高。

（4）环视摄像头　环视摄像头可实现 360° 环境感知，图像采集后经过图像拼接，可实现从车顶往下看的效果，其感知范围不大，环视摄像头主要用于车辆 5~10m 的障碍物检测、自主停车时的库位线识别，为了获得足够大的视野，一般都使用鱼眼摄像头，但鱼眼摄像头的图像畸变较为严重。环视摄像头一般至少由 4 个鱼眼摄像头组成，通常都朝向地面安装。

2. 按视野覆盖位置分类

按视野覆盖位置可分为前视摄像头，侧视摄像头，后视摄像头，内视摄像头，红外摄像头。

（1）前视摄像头　它一般安装在风窗玻璃、内后视镜处，用于前向驾驶辅助的摄像头，可简称为前摄像头，主要是为了识别前方的道路车辆行人，视角为45°左右。

（2）侧视摄像头　它一般安装在左右后视镜处或下方车身处，主要用于盲点监测，根据安装位置也可以实现前视或后视作用。

（3）后视摄像头　一般安装在行李舱或后风窗玻璃上，后视摄像头主要用于倒车过程中，驾驶人对车尾后面影像的捕捉，实现泊车辅助功能。

（4）内视摄像头　无固定位置，转向盘中、内后视镜上方、A柱或集成于仪表显示屏处均有。

（5）红外摄像头　由于普通摄像头只能在白天工作，不能兼顾汽车夜间行驶的需求，因此汽车上的摄像头基本上采用红外线摄像头，如红外线夜视系统。

红外摄像头是利用红外热成像技术能将黑暗变得如同白昼，使驾驶人在黑夜里看得更远更清楚，同时无惧雾霾、沙尘天气，能全天时全天候工作。在无光或者微光的黑暗环境下，采用红外发射装置主动将红外光投射到物体上，红外光经物体反射后进入镜头进行成像。

红外摄像头的特点如下：对温度敏感，根据温度来形成图像，可定量标识温度数据，并可由用户自定义温度报警限度。既有红外温度图像显示，又有温度数据同时显示，还有温度异常报警信号输出；可穿透浓烟、浓雾；不需要见光，在夜晚图像清晰度非常高；响应速度快，以50Hz/s输出图像；监视面积大，红外摄像头在工作状态时，探测画面中所有目标的红外热量辐射。

三、视觉传感器的结构与参数

1. 视觉传感器的结构

视觉传感器主要由光源、镜头、镜头座、图像传感器、模-数转换器、数字图像处理器、图像存储器等组成，如图8-1所示。视觉传感器本质是一个智能图像采集与处理单元，是把光源、摄像机、图像处理器、标准的控制与通信接口等集成于一体。其内部程序存储器可存储图像处理算法，并能利用专用组态软件编制各种算法下载到视觉传感器的程序存储器中。

视觉传感器的
结构与原理

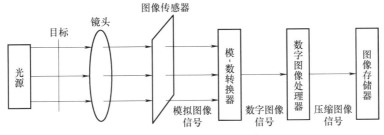

图8-1　视觉传感器的结构简图

（1）镜头　镜头的组成是透镜结构，由几片透镜组成，一般有塑胶透镜或玻璃透镜。通常摄像头用的镜头构造有：1P、2P、1G1P、1G2P、2G2P、4G等。透镜越多，成本越高。

（2）镜头座　镜头座是用来固定镜头的，镜头是螺旋在镜头座里面的，按照材质分类，镜头座常分为2类：塑胶镜头座，成本低，使用普遍；金属镜头座，成本高，散热性好。

（3）图像传感器　图像传感器是视觉传感器的核心部件，它的作用是将镜头所成的图像转变为数字或模拟信号输出，如图8-2所示。图像传感器主要有电荷耦合器件（Charge Couple Device，CCD）图像传感器和互补金属氧化物半导体（Complementary Metal Oxide Semiconductor，CMOS）图像传感器两种，两者都可应用于自动控制、自动测量、摄影摄像、视觉识别等领域。

1）CCD图像传感器又可分为线阵CCD图像传感器和面阵CCD图像传感器，线阵CCD图像传感器用于获取线阵图像，面阵CCD图像传感器用于获取表面图像。

CCD图像传感器的功能类似于胶片，上面有很多整齐排列的光电二极管，接收到光信号之后，可以将光信号转换为电信号，再经过采样放大，模-数转换电路变成数字图像信号。其上最小单元的光敏物质称为像素，一块CCD图像传感器上所包含的像素越多，感光后所得到的数字信号图像分辨率越高。CCD图像传感器的优点是体积小、成本低，所以它被广泛应用于扫描仪、数码相机及数码摄像机中。

2）CMOS图像传感器如图8-3所示。CMOS图像传感器是利用CMOS工艺制造的图像传感器，主要利用了半导体的光电效应，和CCD图像传感器的原理相同。

图8-2　图像传感器

图8-3　CMOS图像传感器

CMOS图像传感器通常由像敏单元阵列、行驱动器、列驱动器、时序控制逻辑、A-D转换器、数据总线输出接口、控制接口等几部分组成，这几部分通常都被集成在同一块硅片上。

CCD与CMOS的主要差异是：CCD传感器中每一行中每一个像素的电荷数据都会依次传送到下一个像素中，由最底端部分输出，再经由传感器边缘的放大器进行放大输出；而在CMOS传感器中，每个像素都会邻接一个放大器及A-D转换电路，用类似内存电路的方式将数据输出。CMOS虽然成像质量不如CCD，但是CMOS因为耗电省（仅为CCD芯片的1/10左右）、体积小、重量轻、集成度高、价格低，迅速得到各大厂商的青睐，目前除了专业摄像机，大部分带有摄像头的设备使用的都是CMOS。

（4）数字信号处理（Digital Signal Processing，DSP）　DSP芯片作用等同于个人计算机里的CPU（中央处理器），它的功能主要是通过一系列复杂的数学运算，对由CMOS传感器传来的数字图像信号进行优化处理，并把处理后的信号通过USB接口传到PC等设备上，是视觉传感器的核心设备。

2. 视觉传感器的技术参数

（1）视觉传感器的图像传感器　其主要参数有像素、帧率、靶面尺寸、感光度、信噪比和电子快门等。

1）像素。像素即构成影像的小单位，是图像传感器的最小感光单位，像素越多，则图像传感器上的光敏元件数目越多，就可以感测到更多的物体细节，图像就越清晰。像素的多少是由 CCD/CMOS 上的光敏元件数目所决定的，一个光敏元件就对应一个像素。因此像素越大，意味着光敏元件越多，相应的成本就越大。像素用两个数字来表示，如 720×480，720 表示在图像长度方向上所含的像素点数，480 表示在图像宽度方向上所含的像素点数，二者的乘积就是该相机的像素数。

2）帧率。帧率代表单位时间内所记录或播放的图片数量。

3）靶面尺寸。靶面尺寸就是图像传感器感光部分的大小。一般用英寸（in）来表示，通常这个数据指的是这个视觉传感器的对角线长度，如常见的有 1/3in，靶面越大，意味着通光量越好，而靶面越小则比较容易获得更大的景深。

4）感光度。感光度表示入射光线的强弱。感光度越高，感光面对光的敏感度就越强，快门速度就越快。

5）信噪比。信噪比是指信号电压对于噪声电压的比值，单位为 dB。信噪比的典型值为45~55dB，信噪比越大说明对噪声的控制越好，图像质量越好。

6）电子快门。电子快门用来控制图像传感器的感光时间，电子快门越快，感光度越低，更适合在强光下拍摄。

（2）视觉传感器摄像头　其参数主要有焦距、光学中心、图像尺寸和畸变系数等。

1）焦距。焦距有可变焦距和不可变焦距，单位一般用 mm。在进行摄像头仿真时，焦距的单位一般要用像素表示。

2）光学中心。相机的镜头是由多个镜片构成的复杂光学系统，光学系统的功能等价于一个薄透镜，实际上薄透镜是不存在的。光学中心是这一等价透镜的中心。不同结构的镜头其光学中心位置也不一样，大部分在镜头内的某一位置，但也有在镜头前方或镜头后方的。

3）图像尺寸是指构成图像的长度和宽度，可以用像素为单位，也可以用 cm 为单位。

4）畸变系数分为径向畸变系数和切向畸变系数。径向畸变发生在相机坐标系转换为物理坐标系的过程中，径向畸变主要包括枕形畸变和桶形畸变两种。

四、视觉传感器的工作原理

1. 基于视觉传感器的环境感知流程

（1）图像采集　图像采集主要是通过摄像头采集图像，如果是模拟信号，要把模拟信号转换为数字信号，并把数字信号以一定格式表现出来。根据具体研究对象和应用场合，选择性价比高的摄像头。

（2）图像预处理　图像预处理包含的内容较多，有图像压缩、图像增强与复原、图像分制等，要根据实际情况进行选择。

（3）图像特征提取　为了完成图像中目标的识别，要在图像分割的基础上，提取需要的特征，并将这些特征计算、测量、分类，以便于计算机根据特征值进行图像分类和识别。

（4）图像模式识别　图像模式识别的方法很多，从图像模式识别提取的特征对象来看，图像识别方法可分为基于形状特征的识别技术、基于色彩特征的识别技术和基于纹理特征的识别技术等。

（5）结果传输　通过环境感知系统识别出的信息，传输到车辆其他控制系统或者传输到车辆周围的其他车辆，完成相应的控制功能。

2. 视觉传感器的具体工作过程

被摄物体经过镜头聚焦至CCD，CCD由多个X-Y纵横排列的像素点组成，每个像素都由一个光电二极管及相关电路组成，光电二极管将光线转变成电荷，收集到的电荷总量与光线强度成比例，所积累的电荷在相关电路的控制下，逐点移出，经滤波、放大，再经过DSP处理后形成视频信号输出，通过I/O接口传输到计算机中进行处理后，再通过显示屏（Display）就可以看到图像了。

摄像头按一定的分辨率，以隔行扫描的方式采集图像上的点，当扫描到某点时，就通过图像传感芯片将该点处图像的灰度转换成与灰度一一对应的电压值，然后将此电压值通过视频信号端输出。摄像头连续地扫描图像上的一行，则输出就是一段连续的电压信号，电压信号的高低起伏反映了该行图像的灰度变化。当扫描完一行，视频信号端就输出一个低于最低视频信号电压的电平（如0.3V），并保持一段时间。这相当于，紧接着每行图像信号之后会有一个电压"凹槽"，此"凹槽"叫作行同步脉冲，它是扫描换行的标志。然后，跳过一行后（因为摄像头是隔行扫描的），开始扫描新的一行，如此下去，直到扫描完该场的视频信号，接着会出现一段场消隐区。该区中有若干个复合消隐脉冲，其中有个远宽于（即持续时间远长于）其他的消隐脉冲，称为场同步脉冲，它是扫描换场的标志。场同步脉冲标志着新的一场的到来，不过，场消隐区恰好跨在上一场的结尾和下一场的开始部分，需等场消隐区过去，下一场的视频信号才真正到来。摄像头每秒扫描25幅图像，每幅又分奇、偶两场，先奇场后偶场，故每秒扫描50场图像。奇场时只扫描图像中的奇数行，偶场时则只扫描偶数行。

摄像头有两个重要的指标：分辨率和有效像素。分辨率实际上就是每场行同步脉冲数，这是因为行同步脉冲数越多，则对每场图像扫描的行数也越多。事实上，分辨率反映的是摄像头的纵向分辨能力。有效像素常写成两数相乘的形式，如"320×240"，前一个数值表示单行视频信号的精细程度，即行分辨能力，后一个数值为分辨率，因而有效像素＝行分辨能力×分辨率。

五、视觉传感器的应用及关键技术

1. 视觉传感器的应用

视觉传感器的功能主要是：车道线识别、障碍物检测、交通标志和地面标志识别、交通信号灯识别、可通行空间检测、车辆/行人的检测、交通状况感知、道路状况感知、车辆本身状态感知等。视觉传感器检测信息全面、价格便宜，但受雨雪天气和光照影响较大。

（1）车道偏离预警　车道偏离预警系统是一种辅助驾驶人通过警告来减少因为车道偏

视觉传感器的应用

离引起的交通事故的系统，系统构成主要包括毫米波雷达、视觉传感器和摄像头等部件。在汽车将要偏离当前车道线时，系统通过转向盘振动以及显示屏的警告灯闪烁通知驾驶人注意行车安全；当要进行超车时，可以打开转向灯，这时车道偏离预警不工作。各种环境下的车道线检测结果如图 8-4 所示。

图 8-4　各种环境下的车道线检测结果

（2）汽车防撞预警　汽车防撞预警系统主要用于协助驾驶人避免高速、低速追尾，高速中无意识偏离车道，与行人碰撞等重大交通事故。汽车防撞预警系统是基于智能视频分析处理技术，通过动态视频摄像技术、计算机图像处理技术来实现其预警功能的，如图 8-5 所示。

图 8-5　防撞系统的预警过程示意图

（3）交通标志识别　车辆安全系统的交通标志识别是通过特征识别算法，利用前置摄像头组合模式识别道路上的交通标志，来提示警告或自动调整车辆运行状态，从而提高车辆的安全性和合规性，提醒驾驶人注意前方的交通标志，如图8-6所示。

图8-6　交通标志识别

（4）盲点监测　盲点监测系统又称并线辅助系统，主要功能是扫除后视镜盲区并通过侧方摄像头或雷达将车左、右后视镜盲区内的影像显示在车内。由于车辆后视镜中有一个视觉盲区，因此在换道前无法看到盲区中的车辆。如果盲区内有超车车辆，则会发生碰撞，在大雨、雾天、夜间光线暗淡的情况下，更难看到后面的车辆，换道更危险，如图8-7所示。

（5）驾驶人注意力监控　驾驶人注意力监控系统也称为疲劳监测系统或注意力辅助系统，疲劳监测系统是一种基于驾驶人生理反应特性的驾驶人疲劳监测预警技术。通过不断检测驾驶人的驾驶习惯，感觉到驾驶人在疲劳驾驶后及时向驾驶人发出警告，提醒驾驶人适当在安全岛停车休息。

（6）泊车辅助（图8-8）　泊车辅助是汽车泊车或者倒车时的安全辅助装置，目前主流的是倒车摄像头和车载显示器组成的泊车辅助系统，倒车时在车载显示器显示车后倒车摄像头的实时视频，从而使倒车更安全；也有的泊车辅助是由超声波传感器（俗称探头）、控制器和显示器（或蜂鸣器）等组成。

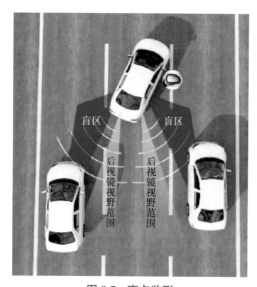

图8-7　盲点监测

图8-8　泊车辅助

（7）全景泊车　全景泊车辅助系统由安装在车身前后、左右的 4 个超广角鱼眼摄像头同时采集车辆四周的影像，经过图像处理单元畸变还原→视角转化→图像拼接→图像增强，最终形成一幅车辆四周无缝隙的 360° 全景俯视图。在显示全景图的同时，也可以显示任何一方的单视图，并配合标尺线准确地定位障碍物的位置和距离，如图 8-9 所示。

显示效果　　　　　　　　　　前摄像头

左摄像头　　　　　　　　　　右摄像头

后摄像头　　　　　　　　　　主机

图 8-9　全景泊车

2. 未来视觉传感器的关键技术

近几年来，图像处理技术在各个领域都有了长足的发展，但是由于汽车对于图像处理的运算速度、功耗、体积以及可靠性都有着非常苛刻的要求，因此目前在汽车上的应用仅限于一些比较简单的功能。随着技术的发展，越来越复杂的图像处理将成为未来图像传感器在汽车领域应用的主流。视觉测量、图像拼接和图像识别将是非常重要的发展方向。

视觉测量的典型应用是自动泊车功能，但是该功能还仅仅是单镜头二维数据的测量，需要驾驶人参与完成很多的前期工作，同时在整个倒车过程中也是由其他系统来负责完成测量的。

图像拼接技术的典型应用是全景监视。该功能已经实现并且批量生产，但是如何提高拼接部分的误差，减少盲区的存在仍然是一个比较重要的课题。

图像识别将是未来实现无人驾驶的关键技术，一旦图像识别技术能够实现三维视觉的重建并对绝大多数的障碍物、行人和交通标示进行识别，结合目前的导航技术及自适应巡航技术，车辆完全可以实现无人驾驶。目前应用的实例是车道保持技术，该技术能够得到应用主要是因为：车道线的识别及测量均可通过二维数据实现；车道标示线的提取和识别相比其他交通标志要容易。

🔶 任务实施

为帮助李女士解决视觉传感器的故障问题，小李从视觉传感器的定义与特点、视觉传感器的分类、视觉传感器的结构与参数、视觉传感器的工作原理、视觉传感器的应用等方面，进行视觉传感器的学习。与客户沟通，完成信息收集、故障排查、制订解决方案。

1）信息收集。与客户沟通，记录客户信息和车辆信息，进行车况检查并记录。

2）故障排查。观察该视觉传感器的外形，查阅视觉传感器的定义、特点和不同分类方式等资料，确定该视觉传感器属于哪种视觉传感器。观察该视觉传感器的故障现象，查阅视觉传感器工作原理方面的资料，查阅视觉传感器的结构，分析故障原因。

3）制订解决方案。根据故障排查情况，制订维修解决方案。

4）完成任务工单，进行自我反思与评价。

任务 8.2　智能网联汽车视觉传感器装调与检测

——执着专注，精益求精，一丝不苟，追求卓越。

🔶 任务导入

客户李先生的车发生事故，导致视觉传感器破损，需要进行更换。你作为售后服务工作人员，如何完成视觉传感器的更换呢？

🔶 任务描述

通过对智能网联汽车视觉传感器安装、调试和检测的学习和实践操作，能够使用视觉传感器安装时所需的工具；能够使用工具和仪器进行视觉传感器的品质检测；能够完成视觉传感器装调与测试；树立严谨的工作态度、团队合作意识和岗位职责意识；提升实践操作能力。

🔶 知识链接

视觉传感器是一种高度集成化的微小型机器视觉系统。它将图像的采集、处理与通信功能集成于单一摄像头内从而提供具有多功能、模块化、可靠性、易于实现的机器视觉解决方案。视觉传感器一般由图像采集单元、图像处理单元、图像处理软件、网络通信装置等构成。由于应用了最新的 DSP、FPGA 及大容量存储技术，其智能化程度不断提高，可满足多种机器视觉的应用需求。通过标定，不仅可以获取实际数据，而且可以将它们直接和 CAD 中数据进行比较，提高检测效率。

一、视觉传感器的装配

1. 安装前准备

1）视觉传感器装配所需工具准备。

2）视觉传感器装配所需工具检查。

① 检查设备外观结构完整，表面不应有破损、变形、裂痕、生锈等问题。

② 工具齐全，使用功能正常。视觉传感器的外形、安装尺寸和标志应符合产品图样的规定。

视觉传感器的
装配（实操）

③ 更换实训服，摘掉首饰，长发挽起固定于脑后。严禁非专业人员或无教师在场的情况下私自对部件进行操作。总成拆装需要至少 2 人配合完成，不可一人单独作业。

2. 视觉传感器的安装步骤

1）确定摄像头的安装位置，安装固定支架，测量、调整固定支架高度。为了保证摄像头拍摄车辆正前方的有效范围，尽量将其安装到车辆的纵向中心线上。

2）以配套的有安装支架和防尘罩的摄像头为例，将安装支架底座上粘贴双面胶。

3）配合盒尺确定支架安装在前风窗玻璃纵向中心线上，粘贴摄像头和支架，粘贴防尘密封罩。

4）摄像头的角度调整正确后，紧固其调整角度螺栓。

5）按照从摄像头到计算平台，从前到后的顺序进行布线。

① 拆下布线涉及的内饰板，拆下车顶内饰板和后尾柱内饰板。

② 连接摄像头的线束插接器，从车顶内饰里面进行布线，然后通过布线孔进入行李舱，最后连接到计算平台 GMSL-A1 接口。

需要注意的是在布线前需要用阻燃的绒布胶布或机械性能较好的波纹衬套对线束包扎，以进行有效的保护，减少线束占用空间，方便部件接线。

视觉传感器的
标定

二、视觉传感器的标定与调试

如图 8-10 所示，当被测平面和像平面平行且成像模型为理想的小孔成像模型，设焦距为 f，工作距离为 d，则被测物 OP 和它的像 $O'P'$，关系可简单地表示为

$$|OP| = |O'P'| \times d/f \tag{8-1}$$

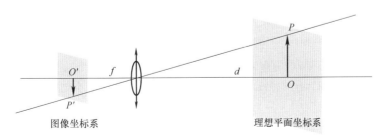

图 8-10　成像模型

但是在实际应用中无法严格控制像平面和被测平面的位置，所用的镜头也不是严格的小孔模型。如果直接使用式（8-1）计算将会产生极大的误差。因此，为了获取更高的测量精度，需要通过标定来实现坐标平面的转换以及图像的校正，如图 8-11 所示。

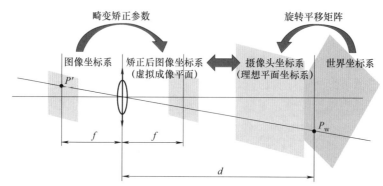

图 8-11 坐标平面的转换及图像的校正

通过将任意坐标平面旋转和平移映射到理想坐标平面上，对有畸变的图像进行校正，让它成为符合小孔成像模型的像平面，从而只要确定转换算法、校正算法以及式（8-1）中的参数就可以实现三维空间中任意平面上尺寸与位置的测量，这种确定参数的过程称为标定。

视觉传感器标定包括内参和外参标定，其中内参标定主要是像素、焦距、图像原点、是否畸变等，内参通常在传感器生产过程中标定。通常视觉传感器标定是指外参标定，主要包括距离、角度等外部参数的标定，即视觉传感器坐标系相对于世界坐标系的旋转矩阵 $\boldsymbol{R}$ 和平移向量 $\boldsymbol{T}$ 等参数。

在图像测量过程以及机器视觉应用中，为确定空间物体表面某点的三维几何位置与其在图像中对应点之间的相互关系，必须建立视觉传感器成像的几何模型，这些几何模型参数就是视觉传感器参数，求解过程就是视觉传感器标定。无论是在图像测量还是在机器视觉应用中，视觉传感器参数的标定都是非常关键的环节，其标定结果的精度及算法的稳定性直接影响视觉传感器工作结果的准确性。

视觉传感器标定的方法有：传统视觉传感器标定法、主动视觉传感器标定方法、视觉传感器自标定法、零失真视觉传感器标定法。另外视觉传感器标定的方法可以根据摄像头的数目分为单目标定、双目标定以及多目标定。其中单目摄像头标定是双目标定的基础，而多目摄像头的标定则是双目摄像头的扩展。

传统视觉传感器标定法需要使用尺寸已知的标定物，通过建立标定物上坐标已知的点与其图像点之间的对应，利用一定的算法获得视觉传感器模型的内外参数。根据标定物的不同可分为三维标定物和平面型标定物。三维标定物可由单幅图像进行标定，标定精度较高，但高精度三维标定物的加工和维护较困难。平面型标定物比三维标定物制作简单，精度易保证，但标定时必须采用两幅或两幅以上的图像。传统视觉传感器标定法在标定过程中始终需要标定物，且标定物的制作精度会影响标定结果。同时有些场合不适合放置标定物也限制了传统视觉传感器标定法的应用。

目前出现的自标定算法中主要是利用摄像头运动的约束。摄像头的运动约束条件太强，因此使得其在实际中并不实用。利用场景约束主要是利用场景中的一些平行或者正交的信息。自标定方法灵活性强，可对视觉传感器进行在线标定。但由于它是基于绝对二次曲线或曲面的方法，其算法鲁棒性差。

基于主动视觉的视觉传感器标定法是指已知摄像头的某些运动信息对视觉传感器进行标定。该方法不需要标定物，但需要控制摄像头做某些特殊运动，利用这种运动的特殊性可以计算出视觉传感器内部参数。基于主动视觉的视觉传感器标定法的优点是算法简单，往往能够获得线性解，故鲁棒性较高，缺点是系统的成本高、实验设备昂贵、实验条件要求高，而且不适合于运动参数未知或无法控制的场合。

任务实施

一、视觉传感器的标定

1. 视觉传感器外部参数标定

视觉传感器的
标定（实操）

在使用视觉传感器之前，必须对它进行标定。视觉传感器标定可以利用像棋盘一样的标定图像估计视觉传感器的内部参数和外部参数，以便配置单目摄像头的模型。利用棋盘格对视觉传感器外部参数进行估计。

视觉传感器调试项目实训要掌握摄像头打开 / 关闭、拍照、标定图片选择、棋盘格设置、畸变标定的方法等。分为 2 个实训项目：标定图片采集和畸变图片标定。

（1）标定图片采集

1）视觉传感器测试。视觉传感器测试主要包括测试摄像头是否能够成功打开，并拍摄照片作为标定图片。鼠标左键单击"打开摄像头"按钮，如果左侧显示摄像头正拍摄的图片，表明打开成功，如图 8-12 所示。

图 8-12　打开摄像头

如图 8-13 所示，如果弹出"打开失败"提示框，表明工控机无法识识别视觉设备，可按照下述 3 个方法进行解决：①在"任务管理器"中查看进程中是否已经存在此程序，如发现有两个该程序，则需要右键将两个程序关闭再重新打开；②重新拔插 USB，选择 USB3.0（蓝色 USB 口）使用；③如果以上两种方法无法解决，重启工控机。如果软件界面中左侧界面呈黑色，表明视频线连接不良或者视频线已损坏，需用鼠标左键单击右侧＜关闭摄像头＞按钮，关闭摄像头，再重新连接视频线并打开摄像头，如还是没有任何显示，表明视频线已损坏，需关闭摄像头并更换数据线后，再打开摄像头进行测试。如果软件界面中左侧界面呈灰色，表明摄像头被多个软件占用，需关闭其他占用软件后，再进行测试。

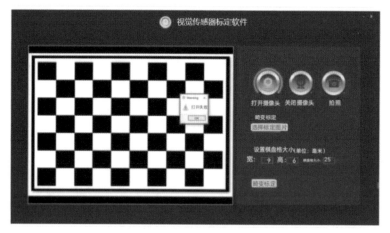

图 8-13　标定图片采集

2）标定图片采集。鼠标左键单击软件右侧＜拍照＞按钮，进行拍照，单击后，弹出提示框，提示框上写明了拍摄照片的保存路径，根据保存路径可找到已拍摄的照片。

（2）畸变图片标定

1）选择标定图片（图 8-14）。先确认摄像头是否已关闭，确认已关闭后，鼠标左键单击＜选择标定图片＞按钮，然后在弹出的对话框中选择已拍好的棋盘格，单击＜打开＞按钮，完成标定图片选择。需要注意的是如果鼠标左键单击＜选择标定图片＞按钮后，弹出提示框提示没有选择图片，表明在单击＜打开＞按钮前，没有选择图片。

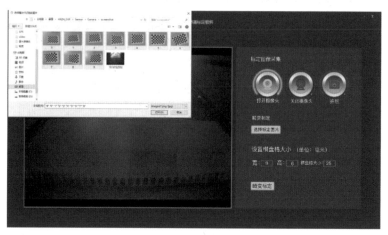

图 8-14　选择标定图片

2）标定畸变图片（图 8-15）。设置棋盘格参数，宽：横向角点数目，设置为 9；高：纵向角点数目，设置为 6；棋盘格大小：标定黑白格子的大小，设置为 25mm。鼠标左键单击 ＜畸变标定＞按钮，完成畸变图片标定。

图 8-15　标定畸变图片

2. 视觉传感器测距标定

为实现单目摄像头的测距功能，需要对摄像头进行测距标定，标定的摄像头包括前左右 3 个。

（1）标定前的准备工作

1）确认标定计算机上的 ros 运行环境。在标定计算机上，确认计算机已与计算平台 建立 ros 通信。输入 cat ~/.bashrc 查看如下 3 行：export ROS_HOSTNAME=192.168.1.88； export ROS_MASTER_URI=http：//192.168.1.102：11311；source/opt/ros/melodic/setup.bash。

2）确认计算平台摄像头驱动正常运行。rostopic hz/mipi_four_cameras/compressed 帧率 约 17Hz 为正常。

（2）测量车宽和轴距　测量左右轮车宽，单位 m，并将数值填写至 "car_size.yaml" 的 car_width。测量前后轮轴距，单位 m，并将数值 填写至 "car_size.yaml" 的 car_wheel。

（3）前摄像头的标定操作　放置标记物，使 用测距仪测量，标记物的放置位置为：标记物 1， 右前轮正前方 5m 处；标记物 2，右前轮正前方 10m 处；标记物 3，左前轮正前方 10m 处；标记 物 4，左前轮正前方 5m 处，如图 8-16 所示。

1）采集图片。输入 cd ~/Desktop/calib/camera_ dist_calib/./get_image.sh 显示拍摄界面，按 "s" 键保存，再按 "q" 键退出。

2）测定。输入 ./calib_front.sh 在图片上，按

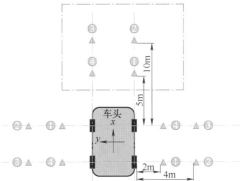

图 8-16　标记物放置位置

照序号顺序，依次点击各标记物的底部贴地位置，点击 4 个标记物后，若出现 "calc calib succ."，则表示标定成功，同时当前文件夹下生成 "calib_front.yaml" 文件。

3）拷贝标定文件。输入 scp calib_front.yamlnvidia@192.168.1.103：/work/share/project/data/。

左摄像头和右摄像头的标定方法相同，只不过是标记物的放置位置不同。如图 8-17 所示，左摄像头标记物的放置位置为：标记物 1，左前轮左侧 2m 处；标记物 2，左前轮左侧 4m 处；标记物 3，左后轮左侧 4m 处；标记物 4，左后轮左侧 2m 处。如图 8-18 所示，右摄像头标记物放置的位置为：标记物 1，右后轮右侧 2m 处；标记物 2，右后轮右侧 4m 处；标记物 3，右前轮右侧 4m 处；标记物 4，右前轮右侧 2m 处。

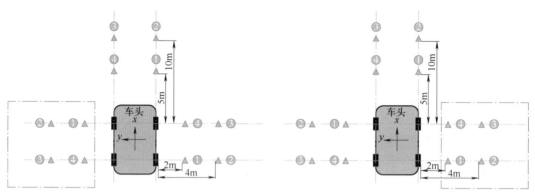

图 8-17　左摄像头标定标记物放置位置　　　图 8-18　右摄像头标定标记物放置位置

二、视觉传感器的故障检测

1. 车载视觉传感器常见故障类型

车载视觉传感器常见的故障类型主要有相关电路故障、部件故障、通信故障、软件故障和安装故障等。

2. 常见故障

智能传感器装配调试台架车载视觉传感器的常见故障：

1）启动车辆，车载视觉传感器不工作，无图像显示。

分析检修：此故障表明车载视觉传感器系统不能进入工作状态，先检查插头是否有松动或者没有插好，再查看电源供电、车载视觉传感器系统相关连接电路，最后考虑车载视觉传感器自身和系统问题。

2）启动车辆，车载视觉传感器能工作，但图像显示不正常（画面抖动、画面模糊、画面倾斜等）。

分析检修：此故障表明车载视觉传感器系统能进入工作状态，可能原因一般为安装问题、校正问题或摄像头自身问题，一般采用先进行安装校正，软件系统测试，后进行部件替换的方法确定故障原因。

3）启动车辆，车载视觉传感器能工作，但图像显示偏暗或白屏。

分析检修：此故障表明车载视觉传感器系统能进入工作状态，可能原因一般为电源供电的功率偏小或接线接触不良，或者车载视觉传感器自身故障等，建议首先检查电源的功率、接线情况，再检查电压是否低于正常工作电压，最后考虑车载视觉传感器自身问题。

3. 故障案例 1

1）故障现象。启动车辆，车载相机不工作，无图像显示。

2）电路分析。车载视觉传感器控制电路如图 8-19 所示，摄像头直接通过 USB 线与上位机测试系统连接，由上位机供电，并在上位机系统显示画面。

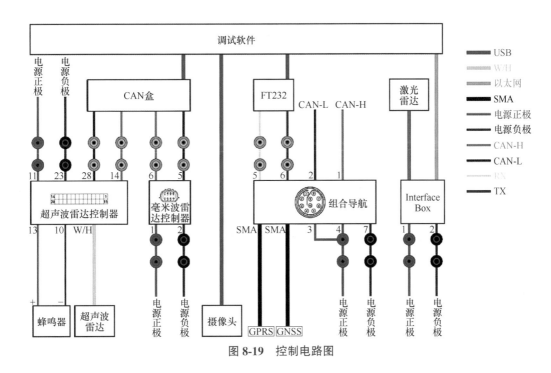

图 8-19　控制电路图

3）原因分析。根据故障现象及控制电路分析故障可能原因：电源故障（车载视觉传感器供电异常等）、插头松动或者没有插好等线路连接故障、车载视觉传感器自身故障以及相关系统软件故障等。具体故障诊断方案如图 8-20 所示。

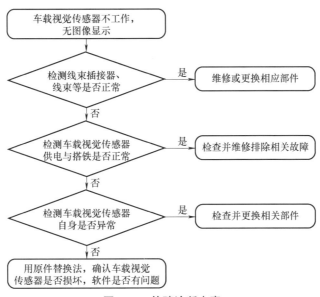

图 8-20　故障诊断方案

4. 故障案例 2

1）故障描述。客户反映，智能仪表提示"高级驾驶辅助系统 ADAS 存在故障"，其中自动紧急制动（AEB）、前方碰撞预警（FCW）系统、自适应巡航（ACC）系统功能受限不可使用。

2）故障分析。通过故障诊断仪或调试软件发现视觉传感器通信存在问题。分析可能造成故障的原因：计算平台 GMSL 接口松动或损坏；视觉传感器适配器故障；视觉传感器同轴线束故障；视觉传感器本体故障。

3）故障检测。视觉传感器受密封性、防尘性要求，检查时不可拆卸，出现故障，需先检查视觉传感器同轴线束及与计算平台连接的 GMSL 接口。检查与计算平台连接的 GMSL-1 接口上的视觉传感器同轴线束插接器是否松动，如插接器连接牢固可靠，则断开 GMSL-1 接口连接到 GMSL-2/3/4/5/6，查看自动驾驶是否恢复正常状态。使用万用表检测视觉传感器适配器供电电源，正常测量值应为 12V 左右。断开视觉传感器同轴线束两端插接器，使用万用表电阻档检查视觉传感器同轴线束的通断，正常应小于 1Ω 或有蜂鸣声。通过以上检查还没排除故障，则应用替换法检查视觉传感器、计算平台内部软硬件是否存在损坏，通过替换检查出视觉传感器存在故障，从而检查出故障所在。

4）故障修复。更换相同型号的视觉传感器，设备、车辆恢复正常状态，故障排除后，撤除防护。

拓展知识

在自动驾驶技术快速发展的背景下，麦肯锡预测从 2020 年至 2030 年，ADAS 及 AD 系统所需传感器的市场规模将由 130 亿美元增长到 430 亿美元。目前自动驾驶汽车对周围环境的探测有重算法的视觉感知模式和以雷达为主的多传感器融合感知模式两种方式，特斯拉一直是视觉感知技术的践行者。特斯拉推出了只用摄像头作为传感器的驾驶辅助系统 FSD，未来搭载 FSD 10.13 版的汽车还能在没有地图数据的陌生环境中行驶。视觉感知简单来说就是用摄像头来模拟人的双眼，帮助自动驾驶汽车看清楚其周围的环境。但目前该技术尚无法达到人眼的视觉水平，还需要通过长时间的数据积累与算法迭代升级来提升探测能力，并且无论是双目摄像头还是三目摄像头，都只能探测到部分深度数据，当距离越远时，探测数据的准确性就会逐渐下降。与车用雷达相比，视觉感知技术所需的算法更为复杂，但其硬件成本相对较低，在未来车用雷达逐步应用新技术且开始大规模量产以后，两者之间的成本差距有望逐渐缩小。

项目小结

通过对本项目智能网联汽车视觉传感器的学习，了解了视觉传感器的定义、特点、不同分类方式，基本结构，工作原理和应用；掌握了汽车视觉传感器的安装、调试和检测的实践操作；能够使用视觉传感器安装时所需的工具；能够使用工具和仪器进行视觉传感器的品质检测；能够完成视觉传感器的装调与测试；提升了学生独立思考、分析和处理问题的能力、实践操作能力，树立了严谨的工作态度、团队合作意识和岗位职责意识。

习　题

1. 环视摄像头采用_____镜头、安装位置朝向_____。

2. 摄像头的焦距越短，视野越_____，越远的物体成像越_____。

3. 多目摄像头拥有（　　）视觉传感器。

A. 2　　　　　　　　B. 3　　　　　　　　C. 2 个及以上　　　　　　　D. 3 个及以上

4. 对于双目摄像头，要根据数学换算得到物体的距离，不需要的信息是（　　）。

A. 像素　　　　　　　　　　　　B. 像素偏移量

C. 摄像头焦距　　　　　　　　　　D. 两个摄像头的实际距离

5. 以下传感器能够实现 360° 全景显示功能的传感器是（　　）。

A. 单目摄像头　　　　　　　　　　B. 多目摄像头

C. 环视摄像头　　　　　　　　　　D. 毫米波雷达

6. 环视摄像头使用了（　　）个鱼眼镜头。

A. 2　　　　　　　　B. 4　　　　　　　　C. 6　　　　　　　　D. 8

7. 双目摄像头通过（　　）判断距离。

A. 两个摄像头焦距差异　　　　　　B. 两个摄像头像素差异

C. 两个摄像头图像差异　　　　　　D. 两个摄像头芯片差异

项目 9
智能网联汽车组合导航系统

🏠 项目目标

素养目标

1. 提升独立思考、分析和处理问题的能力。
2. 树立创新意识、爱岗敬业的工匠精神。
3. 树立职业信心、增强科技意识，培养家国情怀。

知识目标

1. 了解全球常见的卫星导航系统。
2. 掌握北斗卫星导航系统的组成及定位原理。
3. 掌握 GPS 卫星导航系统的组成及定位原理。
4. 认知惯性导航系统的组成及工作原理。
5. 了解各导航系统的差异。

技能目标

1. 能够熟练使用拆装组合导航时所需的工具。
2. 能够独立完成组合导航安装并牢记注意事项。
3. 能够熟练使用相关软件进行组合导航的调试。
4. 能够对组合导航系统常见故障进行检测分析并排除。

任务 9.1　智能网联汽车组合导航系统认知

——天河漫漫，北斗璀璨。

🏠 任务导入

客户王先生的车辆导航系统不能正常工作，到某汽车服务中心进行维修，经过检查发现车辆组合导航系统部件损坏，需要进行检测更换。小李是一名汽车服务站的实习生，首先应该熟悉导航系统的分类以及工作原理。

任务描述

通过对组合导航系统的学习，提升独立思考、分析和处理问题的能力，了解组合导航系统的分类；掌握组合导航系统的基本结构和特点；掌握组合导航系统的工作原理；了解组合导航系统在智能网联汽车上的应用。

知识链接

一、组合导航系统的概念

组合导航是以计算机为中心，将多个导航传感器的信息加以综合和最优化处理，然后输出导航结果。

组合导航是近代导航理论和技术发展的结果，每种导航系统都有各自的独特性能和局限性。把几种不同的系统组合在一起，就能利用多种信息源，互相补充，构成一种有冗余度和导航准确度更高的多功能系统。所以，将惯性导航、无线电导航、天文导航或卫星导航等多种或两种系统组合在一起，形成的一种综合导航系统，称之为组合导航系统。

导航系统的认知

无人驾驶汽车必须"精确地知道我在哪儿"，即进行定位，给出汽车所在位置的相对或绝对坐标。导航，是根据汽车定位和地图信息，给汽车规划行驶方向和路径。

二、全球卫星导航系统

1. 全球卫星导航系统的类型

全球卫星导航系统（Global Navigation Satellite System，GNSS）是能在地球表面或近地空间的任何地点为用户提供全天候的三维坐标和速度以及时间信息的空基无线电导航定位系统。目前，GNSS 国际委员会公布的全球四大卫星导航系统供应商，包括中国的北斗卫星导航系统（BDS）、美国的全球定位系统（GPS）、俄罗斯的格洛纳斯卫星导航系统（GLONASS）和欧盟的伽利略卫星导航系统（GALILEO）。

2. 全球卫星导航系统的定位原理

全球卫星导航系统的定位原理是利用卫星作为参考点，即在卫星位置已知的前提下，用户接收卫星信号并计算到卫星的距离，在地面上进行三角交叉测量，从而计算接收器的位置。定位方法是测量未知点与已知位置的卫星之间的瞬时距离，主要有虚拟距离观测和载波相位观测两种测量方法。

由于载波相位观测的精度远高于虚拟距离观测，因此载波相位观测主要用于高精度测量。无论是虚拟距离观测还是载波相位观测，观测的都是卫星到接收器的距离。

计算过程依据三球交叉定位的原理，如图 9-1 所示。只要同时观测 3 颗卫星，获得 3 个空间距离，并根据每颗卫星的广播星历计算出每颗卫星的空间位置，就可以将接收器所在的位置计算出来。

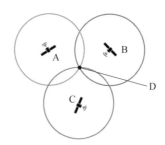

图 9-1　全球卫星导航系统的定位原理示意图

北斗卫星导航
系统的认知

三、北斗卫星导航系统的认知

BDS 是中国自行研制的全球卫星导航系统，BDS 服务区为中国及周边国家，已广泛应用于船舶运输、公路运输、铁路运输、海上作业、渔业生产、水文预报、森林防火、环境监测等行业，以及军事、公安、海关等有特殊指挥调度要求的单位。

BDS 用户终端系统最多可容纳 54 万 /h 的用户，具有双向消息通信功能，用户可一次发送 40~60 个汉字的短消息。BDS 具有精确的定时功能，可以为用户提供 20~100ns 的时间同步精度。

BDS 与 GPS 类似，也由空间段、地面段和用户段 3 部分组成，如图 9-2 所示。

（1）空间段　BDS 空间段由若干地球静止轨道卫星、倾斜地球同步轨道卫星和中圆地球轨道卫星等组成。

（2）地面段　地面段包括主控站、注入站和监测站等若干地面站，以及星间链路运行管理设施。主控站用于系统运行管理和控制，接收来自监测站的数据，并对其进行处理，生成卫星导航信息和差分完整性信息，然后将信息传送到注入站进行发送。注入站用于向卫星发送信号、控制和管理卫星，在接收到主控站调度后，向卫星发送卫星导航信息和差分完整性信息。监测站用于接收卫星信号

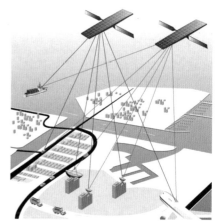

图 9-2　BDS 的组成

并将其发送到主控站进行卫星监测，以确定卫星轨道，并为时间同步提供观测。

（3）用户段　用户段包括 BDS 用户终端和其他卫星导航系统兼容的终端。接收器需要捕捉和跟踪卫星的信号，并根据数据以一定的方式进行定位计算，最终获得用户的纬度、经度、海拔、速度、时间等信息。

BDS 可以为全世界各种用户提供全天候、高精度、高可靠性的定位、导航和定时服务，具有短消息通信能力，以及区域导航、定位和定时等功能，定位精度为 10m、测速精度为 0.2m/s、定时精度为 10ns。

四、全球定位系统的认知

GPS 由地面监控部分、空间部分和用户部分 3 部分组成。

地面控制部分由主控站、监控站和注入站组成，如图9-3所示。

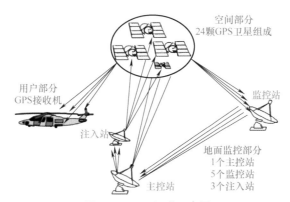

图 9-3　GPS 组成示意图

1）主控站。主控站是地面站的核心，主要功能是采集各监测站的数据，计算卫星星历表和包括信号异常处理的校正量，管理和协调地面监测系统各部分的工作，采集各监测站的数据。将导航信息编译发送到注入站，将卫星星历表注入卫星，监测卫星状态，并向卫星发送控制命令。

2）监控站。监控站是在GPS中监测和采集数据的卫星信号接收站。根据任务的不同，可分为时间同步定轨站和完整性监测站。它的主要功能是对导航卫星信号进行跟踪监测，接收导航卫星信息，测量监测站相对导航卫星的伪距、载波相位和多普勒观测数据。经过预处理后，送入主控站，作为卫星定轨、时间同步、广域差分和完好性监测的依据。为了实现高精度、强实时性，要求监测站在全球范围内尽可能均匀分布，实现导航卫星的全弧跟踪。

3）注入站。注入站接收主控站送来的导航电文和卫星控制指令，在主控站的控制下，经射频链路上行发送给各导航卫星。导航电文通常包括预报的卫星轨道参数（即卫星星历表）、卫星时钟偏差参数以及轨道参数和时钟偏差参数的改正参数等。卫星控制指令通常包括有效载荷控制指令和卫星平台控制指令。

五、惯性导航系统的认知

1. 惯性导航系统的定义

惯性导航技术是利用陀螺仪和加速器计这两种惯性敏感器和相应的配套装置建立基准坐标，通过测量载体加速度和角速度，利用牛顿运动定律自动推算载体的瞬时速度和位置信息而实现自主导航的技术，如图9-4所示。

惯性导航
系统的认知

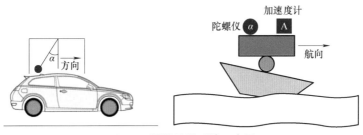

图 9-4　惯性导航系统示意图

2. 惯性导航系统的组成

惯性导航系统主要由惯性测量装置、计算机、控制显示器等组成。

1）惯性测量装置，如图 9-5 所示，包括加速度计和陀螺仪，又称惯性导航组合。3 个自由度陀螺仪用来测量运动载体的角加速度；3 个加速度计用来测量运动载体的加速度。

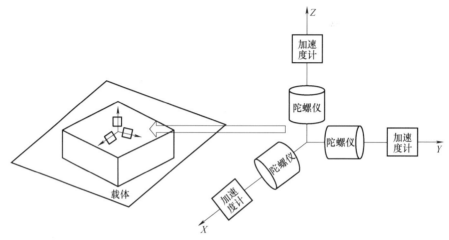

图 9-5　惯性测量装置示意图

2）计算机根据测得的加速度信号计算出运动载体的速度和位置数据。

3）控制显示器显示各种导航参数。

3. 惯性导航系统的优点

1）由于它是不依赖于任何外部信息、也不向外部辐射能量的自主式系统，故隐蔽性好且不受外界电磁干扰的影响。

2）覆盖范围广，可全天候、全球、全时间地工作于空中、地球表面乃至水下。

3）能提供位置、速度、航向和姿态角数据，所产生的导航信息连续性好而且噪声低。

4）数据实时更新率高、短期精度和稳定性好。

4. 惯性导航系统的缺点

1）由于导航信息经过积分而产生，定位误差随时间而增大，长期精度差。

2）每次使用之前需要较长的初始对准时间。

3）设备的价格较昂贵。

4）不能给出时间信息。

5. 惯性导航系统的原理

惯性导航系统是一种不依赖于外部信息，也不向外部辐射能量的自助式导航系统。其基本工作原理是以牛顿力学定律为基础，通过测量载体在惯性参考系的加速度、角加速度，将它对时间进行一次积分，求得运动载体的速度、角速度，之后进行二次积分求得运动载体的位置信息，然后将其变换到导航坐标系，得到在导航坐标系中的速度、偏航角和位置信息等。

六、组合导航系统的认知

1. 组合导航系统的分类

按照导航组合方式划分，组合导航系统常见的类型有北斗与惯性导航系统组合、GPS与惯性导航系统组合和双差分 GPS 与惯性导航系统组合。

2. 组合导航系统的优点

相比单一导航系统，组合导航系统具有以下优点：

1）能有效利用各导航系统的导航信息，提高组合系统定位精度。例如，GPS 与惯性导航系统组合能有效利用 GPS 和惯性导航系统作为单一系统的导航特性。

2）允许在导航系统工作模式间进行自动切换，当某一部分出现故障，系统可以自动切换到另一种组合模式继续工作。

3）可实现对各导航子系统及其元器件误差的校准，从而放宽了对导航子系统技术指标的要求。

3. 组合导航系统与其他导航系统的对比

组合导航系统与其他导航系统的对比见表 9-1。

表 9-1 组合导航系统与其他导航系统的对比

比较项目	惯性导航	卫星导航	组合导航
对卫星信号的依赖性	不依赖卫星信号	依赖卫星信号	无卫星信号时惯性导航系统仍正常工作
工作时的隐蔽性	隐蔽性好，不受外界信息干扰	易受外界干扰	使用卫星导航时易受外界干扰
导航定位误差	随运动载体运行时间误差不断累积	误差与运动载体运行时间无关	惯性导航系统的误差可由卫星导航系统更正
能否提供载体的姿态、航向信息	可提供载体的姿态航向信息	单个终端无法提供载体姿态信息	能提供姿态信息
产品经济成本	价格昂贵	价格较低	价格昂贵

七、组合导航系统的应用

卫星导航系统已经在车载和行人领域获得了广泛的应用，卫星导航系统具有全天候、高精度导航等优点，但是由于卫星导航容易受到周围环境的影响，在树木遮挡、高楼林立、隧道和地下停车场等生活场景中容易造成多路径效应，使得定位结果精度降低甚至丢失。

在上面几种常见的生活场景中，单一的使用卫星导航没办法很好地解决问题，而将卫星导航和惯性导航的优点结合在一起，形成组合导航使用，可以轻松应对这几种场景。

组合导航模式常用应用场景如下：

1）在高架桥下信号干扰较大时。

2）在穿山隧道中行驶的过程中，卫星信号丢失时。

3）在地下停车场，卫星信号消失时。

组合导航系统的
认知和应用

4）在高楼大厦下。

5）在浓密的树荫下，卫星信号不好时。

🏠 任务实施

为帮助王先生解决导航系统的故障问题，小李从组合导航系统的分类、工作原理、组合导航系统的应用等方面，进行组合导航系统的学习。与客户沟通，完成信息收集、故障排查、制订解决方案。

1）信息收集。与客户沟通，记录客户信息和车辆信息，进行车况检查并记录。

2）故障排查。查阅组合导航系统的定义、特点和不同分类方式等资料。观察该组合导航系统的故障现象，查阅导航系统工作原理方面的资料，分析故障原因。

3）制订解决方案。根据故障排查情况，制订维修解决方案。

4）完成任务工单，进行自我反思与评价。

任务 9.2　智能网联汽车组合导航系统故障排除

——一勺盘中转，勺尾定北方。

🏠 任务导入

客户王先生的车辆导航系统不能正常工作，到某汽车服务中心进行维修，经过检查发现车辆组合导航系统部件损坏，需要进行检测更换。小李是一名汽车服务站的实习生，已经熟悉了导航系统的组成和原理，现在需要对导航系统进行拆装并进行故障排除。

🏠 任务描述

了解组合导航系统在车辆上的安装位置；掌握组合导航系统的拆装流程；熟悉组合导航系统的调试方法；掌握组合导航系统常见故障的排除方法。

🏠 知识链接

一、组合导航的安装

按照组合导航系统的安装步骤完成装配。确定组合导航系统和天线在整车上的安装位置，分别安装各部件并按照规定力矩拧紧各总成和部件，连接相关端子，铺设组合导航系统线束，连接计算平台。

在不同的车辆上组合导航系统的安装位置和组合导航系统天线的形状不同，但是他们的作用相同。例如有些车型中，组合导航系统天线是和车身贴合的安装形式；而有些是蘑菇头形式的天线，直接通过螺栓固定在车辆上的，如图 9-6 所示。

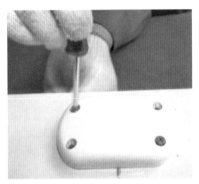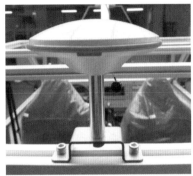

图 9-6　组合导航系统不同车型安装示意图

二、组合导航系统的调试

按照组合导航系统调试步骤，完成调试。依次完成组合导航系统软件认知、组合导航系统配置和命令发送与解析等内容。

三、组合导航系统的故障排除

1. 组合导航系统常见故障类型

智能传感器装配调试台架组合导航系统常见的故障类型有相关电路故障、部件故障、通信故障、软件故障和安装故障等。

2. 常见故障

1）打开智能传感器装配调试台架电源开关，系统上电，组合导航系统不工作，上位机测试系统航向、速度、加速度、陀螺仪区无显示信息，谷歌地球区无地理位置显示。

分析检修：此故障表明组合导航系统不能进入工作状态，先检查插头是否有松动或者没有插好，再检查电源供电、组合导航系统相关连接电路，最后考虑组合导航自身和系统问题。

2）打开智能传感器装配调试台架电源开关，系统上电，组合导航系统工作，上位机测试系统左侧航向、速度、加速度、陀螺仪区显示相关数据，但右侧谷歌地球区无显示或者位置与实际位置不符。

分析检修：此故障表明组合导航模块进入工作状态，但地图无法显示或者显示位置与实际不符，一般是 GNSS 定位天线、GPS 天线自身故障或者与组合导航模块通信故障等，一般根据组合导航模块上指示灯的情况，对相关模块、网络及连接进行排查，采用由简到繁的步骤先对电路通信排查，然后考虑天线部件。

3. 制订故障诊断方案

根据电路原理图通过分析讨论制订故障诊断方案，如图 9-7 所示。

组合导航的
调试（实操）

组合导航
系统的检测

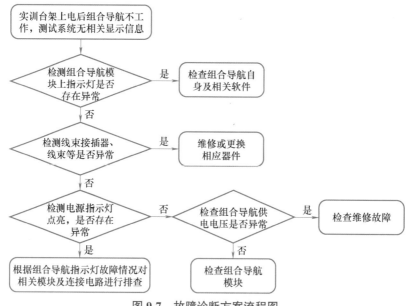

图 9-7 故障诊断方案流程图

🏠 任务实施

一、任务准备

设备准备：智能网联汽车教学车、传感器实训台架。

工具/仪器准备：电脑、数字万用表、示波器、常用拆装工具套装、内六角扳手。

二、组合导航系统的安装

1. 安装注意事项

为保证组合导航系统在安装后能正常使用，安装时需要注意以下事项：

1）组合导航的主机必须与车辆固连，主机安装底面应平行于车辆的基准面。

2）主机铭牌上标示的 Y 轴指向必须与车辆的前进方向一致，如图 9-8 所示。

3）尽可能地将组合导航天线组件安置于测试

图 9-8 组合导航安装位置参考坐标

车辆的最高处以保证能够接收到良好的 GNSS 信号。

4）保证两个天线相位中心形成的连线与测试车辆的中心轴线方向一致或平行。

5）安装时布线必须外观整齐，避免线束之间和运动件之间相互干扰。

2. 组合导航的安装步骤

1）安装组合导航主机。不同车型的组合导航主机安装位置略有差异，但是一般都安装在车辆的后方。

2）安装组合导航天线组件，组合导航由两个天线组成，分别在车辆顶部前后安装，一般前向用于定向，后侧用于定位。

3）将组合导航后信号天线安装至车辆顶部后扰流板上，并按规定力矩紧固螺栓。

4）将后信号天线固定后，连接后信号天线线束插接器。

5）将后扰流板与车辆固定，同时按规定力矩拧紧。

6）将前信号天线与线束插接器进行连接，紧固固定螺栓，并按规定力矩紧固。

7）布置线束，车辆前信号天线线束沿驾驶室车顶边缘铺设电路至行李舱，然后从车身尾柱布线孔进入行李舱，最后连接至组合导航主机 FRONT 接口。

8）将后信号天线规整到行李舱线束波纹管进入行李舱，连接组合导航主机 BACK 接口。

9）用线束将组合导航主机与计算平台之间进行连接，计算平台端连接至 RS232-1 接口。

三、组合导航系统的调试

通过组合导航系统调试使学生掌握组合导航的串口连接设置、杆臂误差补偿设置方法以及如何发送命令和解析命令等。组合导航系统的调试分为 3 个部分：组合导航软件调试认知、组合导航配置和命令发送与解析。

1. 组合导航软件调试认知

组合导航调试软件上显示了姿态、位置、时间、速度、海拔、日志等信息，如图 9-9 所示。

1）软件左上角，显示偏航角、俯仰角、翻滚角。

2）软件中上方，显示打印的日志消息和自定义命令消息，消息下方为命令发送框，命令发送框右侧为＜发送＞、＜暂停/继续＞和＜清空＞3 个按钮，如图 9-10 所示。

图 9-9　软件信息显示图

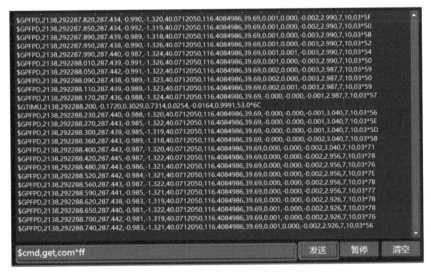

图 9-10　命令发送示意图

①＜发送＞按钮：在命令发送框内输入命令，然后单击＜发送＞按钮，即可发出命令，如图 9-11 所示。命令发出后，自定义命令和反馈命令会以黄色的字体打印，如图 9-11 所示。

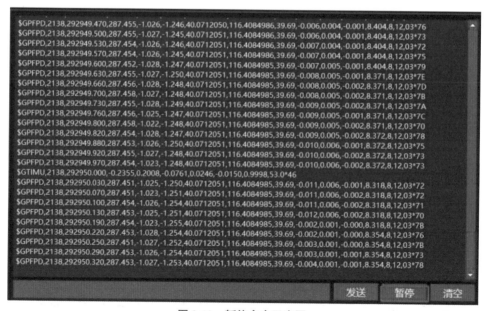

图 9-11　命令反馈信息示意图

②＜暂停 / 继续＞按钮：单击＜暂停＞按钮，GPS 和 IMU 的消息将不再打印，但自定义命令和反馈命令依然可正常打印，如图 9-12 所示；单击＜继续＞按钮，GPS 消息和惯导消息会继续打印，如图 9-13 所示。

图 9-12　暂停命令示意图

```
$GPFPD,2138,292965.110,287.494,-1.033,-1.185,40.0712052,116.4084985,39.69,-0.010,0.017,-0.002,8.130,7,12,03*74
$GPFPD,2138,292965.140,287.495,-1.031,-1.184,40.0712052,116.4084985,39.69,-0.010,0.017,-0.002,8.130,7,12,03*73
$GPFPD,2138,292965.180,287.491,-1.028,-1.186,40.0712052,116.4084985,39.69,-0.003,0.005,-0.001,8.130,7,12,03*73
$GPFPD,2138,292965.210,287.490,-1.029,-1.189,40.0712052,116.4084985,39.69,-0.003,0.005,-0.001,8.130,7,12,03*76
$GPFPD,2138,292965.240,287.494,-1.029,-1.181,40.0712052,116.4084985,39.69,-0.003,0.006,-0.001,8.071,7,12,03*78
$GPFPD,2138,292965.300,287.493,-1.025,-1.184,40.0712051,116.4084985,39.69,-0.003,0.006,-0.001,8.071,7,12,03*70
$GPFPD,2138,292965.330,287.494,-1.026,-1.181,40.0712051,116.4084986,39.69,-0.003,0.007,-0.001,8.071,7,12,03*73
$GPFPD,2138,292965.360,287.492,-1.026,-1.184,40.0712051,116.4084986,39.69,-0.004,0.007,-0.001,8.071,7,12,03*71
$GPFPD,2138,292965.400,287.493,-1.029,-1.186,40.0712051,116.4084986,39.69,-0.004,0.008,-0.001,8.057,7,12,03*77
$GPFPD,2138,292965.430,287.491,-1.028,-1.186,40.0712051,116.4084986,39.69,-0.004,0.008,-0.001,8.057,7,12,03*77
$GPFPD,2138,292965.470,287.490,-1.026,-1.184,40.0712051,116.4084986,39.69,-0.005,0.009,-0.001,8.057,7,12,03*7E
$GPFPD,2138,292965.500,287.490,-1.025,-1.182,40.0712051,116.4084986,39.69,-0.005,0.009,-0.001,8.057,7,12,03*7D
$GPFPD,2138,292965.530,287.487,-1.025,-1.184,40.0712051,116.4084986,39.69,-0.005,0.009,-0.001,8.057,7,12,03*7E
$GPFPD,2138,292965.570,287.488,-1.024,-1.184,40.0712051,116.4084986,39.69,-0.005,0.010,-0.001,8.057,7,12,03*7C
$GPFPD,2138,292965.600,287.490,-1.026,-1.183,40.0712051,116.4084986,39.69,-0.005,0.011,-0.001,8.057,7,12,03*75
$GPFPD,2138,292965.630,287.488,-1.027,-1.185,40.0712051,116.4084986,39.69,-0.005,0.011,-0.001,8.064,7,12,03*78
$GPFPD,2138,292965.660,287.486,-1.026,-1.187,40.0712051,116.4084985,39.69,-0.005,0.011,-0.001,8.064,7,12,03*70
$GPFPD,2138,292965.700,287.488,-1.028,-1.185,40.0712051,116.4084986,39.69,-0.006,0.012,-0.001,8.064,7,12,03*75
$GPFPD,2138,292965.740,287.485,-1.027,-1.189,40.0712051,116.4084986,39.69,-0.006,0.012,-0.001,8.064,7,12,03*7F
$GPFPD,2138,292965.780,287.485,-1.028,-1.187,40.0712051,116.4084985,39.69,-0.006,0.013,-0.001,8.064,7,12,03*70
$cmd,get,com*ff
$cmd,get,com0,115200,none,8,1,rs232,log*ff
$cmd,get,com1,115200,none,8,1,rs232,log*ff
$cmd,get,com2,115200,none,8,1,rs232,rtk*ff
$cmd,Config,OK*ff
```

发送　继续　清空

图 9-13　继续命令示意图

③ <清空> 按钮：单击 <清空> 按钮，窗口日志清空。

3）软件左下方，从左到右依次显示为当前时间、当前海拔、当前速度，如图 9-14 所示。

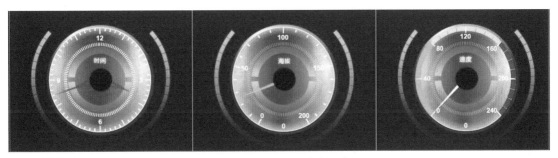

图 9-14　时间和位置信息示意图

4）软件右上角，显示 GPS 定位、定姿信息，如图 9-15 所示。消息来自解析组合导航的 GPFPD 协议，最高输出速率为 100Hz（115200）。GPFPD 协议共 16 个元素，每个元素以逗号隔开，格式为：$GPFPD，GPSWeek，GPSTime，Heading，Pitch，Roll，Latitude，Longitude，Altitude，Ve，Vn，Vu，Baseline，NSV1，NSV2，Status Cs<CR><LF>，每个元素都有其特定含义。

5）软件右下角，显示 IMU 数据，如图 9-16 所示。数据来自解析组合导航的 GTIMU 协议，最高输出速率为 100Hz。GTIMU 协议共 9 个元素，每个元素以逗号隔开，格式为：$GTIMU，GPSWeek，GPSTime，GyroX，GyroY，GyroZ，AccX，AccY，AccZ，Tpr*cs<CR><LF>，每个元素都有其特定含义。

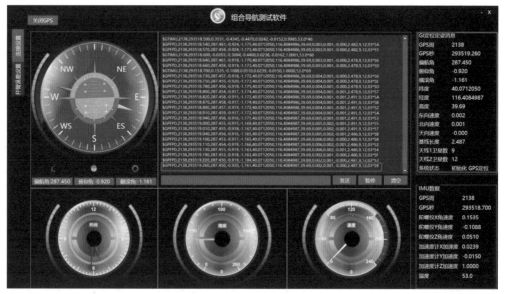

图 9-15　GPS 定位、定姿信息图

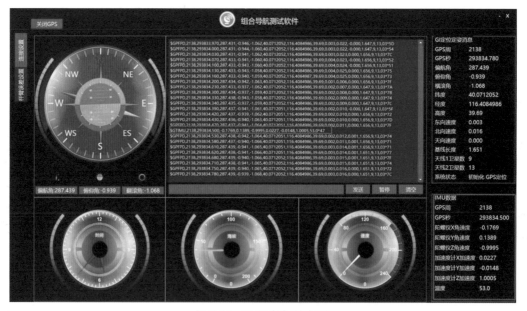

图 9-16　IMU 数据信息图

2. 组合导航的配置

（1）组合导航串口连接设置　鼠标左键单击软件侧边栏的 Tab 栏标签＜连接设置＞，弹出串口连接设置窗口。

1）端口 1：工控机上连接组合导航的串口名称，工控机有可能有一个或多个串口端口，选中下拉菜单中的串口名称后，单击＜保存＞按钮，然后单击＜启动 GPS＞按钮，反复操作，直到中间日志窗口有日志出现。选错端口名称，中间日志窗口无 GPS 日志输出。

2）比特率：每秒传输的数据位数，单位为 bit/s，组合导航要求比特率设为 115200。选错比特率，中间日志窗口无 GPS 日志输出。

3）数据位：通信中实际数据的位数，组合导航要求数据位设为 8。选错数据位，启动 GPS 时，最多出现一行 GPS 信息，正常 GPS 信息为连续输出。

4）校验位：串口通信有 4 种检错方式：偶、奇、高和低，校验位不是必须要有的。组合导航要求校验位设置为 None，即无奇偶校验，选错校验位现象同 3）数据位。

5）停止位：用于表示单个包的最后一位。典型的值为 1、1.5 和 2。组合导航要求停止位设置为 1。选错停止位一般情况下可正常显示日志，无影响。

6）流控：当数据缓冲区满时，通过设置流控可不再接收新发来的数据。此软件设为 NoFlowControl，即无流控。当选其他选项时，一般无影响，GPS 信息可正常显示。

7）配置完 1）~6）后，单击＜保存＞按钮，即可完成组合导航串口连接设置，且日志窗口开始打印消息，如图 9-17 所示。

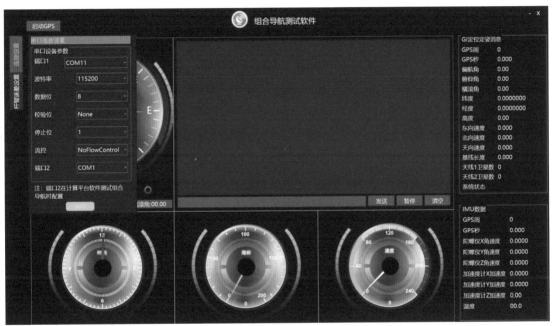

图 9-17　串口连接设置示意图

（2）杆臂误差设置　GNSS 相对惯导系统的杆臂效应是 GNSS 天线组件的安装位置与惯导系统中心不重合而产生的位置和速度的测量误差，在用户的具体使用过程中会出现两者位置距离较远使得该误差达到无法忽略的程度，这时必须对杆臂误差进行补偿。

鼠标左键单击软件侧边栏的 Tab 栏标签＜杆臂误差设置＞，弹出杆臂误差设置窗口。

输入 x、y、z 3 个方向的误差值，x_offset 设置为 0，y_offset 设置为 –d，z_offset 设置为 0，单击＜设置＞按钮，完成补偿设置，如图 9-18 所示。

（3）命令发送与解析　在命令发送框输入命令并发送后，可设置输出格式、GPS 协议透传、串口、GNSS 杆臂参数、NAVMODE 模式、坐标轴，还可获取串口设置、GNSS 杆臂参数、NAVMODE 模式、SYSMODE 模式。

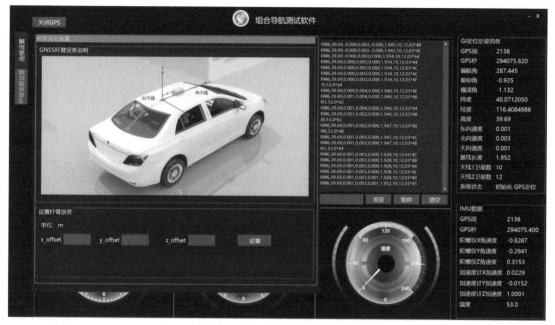

图 9-18　杆臂误差设置示意图

1）命令发送。在命令发送框中输入"$cmd，get，com*ff"，单击＜发送＞按钮，软件会打印发送命令、反馈命令以及响应命令的日志。

2）反馈命令解析。日志窗口打印 3 条反馈命令，以反馈命令"$cmd，get，com1，115200，none，8，1，rs232，log*ff"为例：

$cmd：cmd 消息协议头；

get：获取；

com1：端口名为 com1；

115200：比特率为 115200bit/s；

none：无奇偶校检；

8：数据位数；

1：停止位的值为 1；

rs232：使用 rs232 串口接口；

log：串口模式为用户通信模式；

*ff：校验，默认为 ff。

3）响应命令解析。日志窗口打印 1 条响应命令"$cmd，config，ok*ff"，表明获取串口设置成功。

四、组合导航系统的故障排除

以组合导航系统无信号为故障现象，进行故障检测。在做好防护之后，根据故障现象进行故障分析，锁定在组合导航发射或接收天线故障、组合导航系统供电故障、组合导航系统通信故障、组合导航系统或计算平台本体故障等几个方面开展故障诊断。用万用表或者示波器依次进行检测，确定故障所在，并进行修复。完成任务工单，进行自我反思和评价。

1. 故障检测

1）组合导航接线示意图如图 9-19 所示。断开组合导航发射天线两端的插接器，使用万用表测量组合导航发射天线通断，正常测量值应小于 1Ω 或有蜂鸣声。

图 9-19　组合导航接线示意图

2）断开组合导航接收天线两端的插接器，使用万用表测量组合导航接收天线通断，正常测量值应小于 1Ω 或有蜂鸣声。

3）启动钥匙处于 ON 档位置，使用万用表测量组合导航主控制器的供电电源，如图 9-20 所示，正常值应为 12V。

4）使用示波器电压档测量组合导航主控制器发射（TX）信号线，如图 9-21 所示，正常测量值应有信号电压。

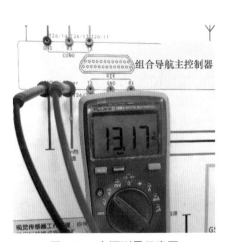
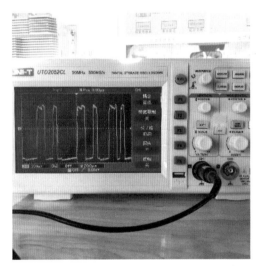

图 9-20　电源测量示意图　　　　图 9-21　示波器检测发射（TX）信号线示意图

5）使用万用表电压档测量组合导航主控制器接收（RX）信号线，如图 9-22 所示，正常测量值应为 5V 左右。

6）检查组合导航的线束插接器是否松动，插接器连接应牢固可靠，如图 9-23 所示。

7）通过以上检查还没排除故障，则应用替换法检查组合导航、计算平台内部软硬件是否存在损坏，通过替换检查出组合导航主控制器存在故障，从而检查出故障所在。

2. 故障排除

更换相同型号的组合导航主控制器，车辆恢复正常状态，故障排除后，撤除防护。

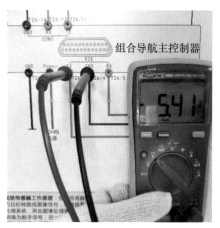

图 9-22　万用表检测接收（RX）信号线示意图

图 9-23　组合导航接线检查

拓展知识

与 GPS 相比，北斗导航有什么优点？

1. 短报文通信服务。短报文通信服务完全是中国的原创功能，而且非常实用。2008 年汶川地震，震区有效的通信方式包括北斗一代，短报文通信服务其实与卫星电话异曲同工，胜在价格便宜。短报文通信服务在航海以及国内荒无人烟地区有着重要的意义。

2. 定位精度高。北斗系统定位精度由水平 25m/s、高程 30m，提高至目前水平、高程都小于 5m，测速精度由 0.4m/s，提高至 0.2m/s，授时精度优于 10ns，目前在中国及周边地区，北斗系统服务性能与 GPS 相当，而且北斗还有再提升的空间。

3. 服务范围广。北斗系统提供服务以来，已在交通运输、农林渔业、水文监测、气象测报、通信授时、电力调度、救灾减灾、公共安全等领域得到广泛应用，服务国家重要基础设施，产生了显著的经济效益和社会效益。基于北斗系统的导航服务已被电子商务、移动智能、终端制造、位置服务等厂商采用，广泛进入中国大众消费、共享经济和民生领域，应用的新模式、新业态、新经济不断涌现，深刻改变着人们的生产生活方式。中国将持续推进北斗应用与产业化发展，服务国家现代化建设和百姓日常生活，为全球科技、经济和社会发展做出贡献。

北斗系统秉承"中国的北斗、世界的北斗、一流的北斗"发展理念，愿与世界各国共享北斗系统建设发展成果，促进全球卫星导航事业蓬勃发展，为服务全球、造福人类贡献中国智慧和力量。北斗系统为经济社会发展提供重要的时空信息保障，是中国实施改革开放 40 余年来取得的重要成就之一，是新中国成立 70 年来重大科技成就之一，是中国贡献给世界的全球公共服务产品。中国将一如既往地积极推动国际交流与合作，实现与世界其他卫星导航系统的兼容与互操作，为全球用户提供更高性能、更加可靠和更加丰富的服务。

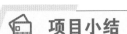

项目小结

　　本项目通过对智能网联汽车组合导航系统的学习，了解了组合导航系统的定义、特点、不同分类方式、基本结构、工作原理和应用；掌握了汽车组合导航系统的安装、调试和检测的实践操作；能够正确使用安装组合导航系统所需的工具；能够完成组合导航系统的联机调试；能进行组合导航系统常见故障的排除；提升了学生独立思考、分析和处理问题的能力，增强了创新意识、爱岗敬业的工匠精神、职业信心、增强科技意识。

习　　题

　　1. GPS 是一种以空中卫星为基础的高精度无线电导航定位系统，它在全球任何地方以及近地空间都能够提供准确的（　　　　　）、（　　　　　）及精确的时间信息。

　　2. GNSS 常见的有（　　　　）、GLONASS（俄罗斯）、Galileo（欧盟）和（　　　　）4 大卫星导航系统。

　　3. 惯性导航系统主要由（　　　　　）、计算机、控制显示器等组成。

　　4. 中国的 BDS 设计了（　　　）颗卫星。

　　A. 21　　　　　　　　　B. 24　　　　　　　　　C. 54　　　　　　　　　D. 35

　　5. 以下不是 GPS 主要组成部分的是（　　　　）。

　　A. 空间部分　　　　　　　　　　　　　B. 地面监控部分

　　C. 用户设备部分　　　　　　　　　　　D. 卫星星座

　　6. 按功能分，以下不属于 GPS 地面监控部分的是（　　　　）。

　　A. 接收站　　　　　B. 监测站　　　　　C. 主控站　　　　　D. 注入站

　　7. 以下不属于 GPS 接收机组成部分的是（　　　　）。

　　A. 接收天线　　　　B. 显示屏　　　　　C. 主机　　　　　D. 电源

　　8. GPS 接收机工作的核心是（　　　　）。

　　A. 微处理器　　　　B. 存储器　　　　　C. 储能装置　　　　D. 显示屏

　　9. 惯性导航系统的组成中用来测量角速度的是（　　　　）。

　　A. 加速度计　　　　B. 陀螺仪　　　　　C. IMU　　　　　D. AHRS

　　10. INS 表示（　　　）。

　　A. 惯性陀螺仪　　　　　　　　　　　　B. 惯性导航系统

　　C. 航向控制系统　　　　　　　　　　　D. 惯性测量系统

　　11. GPS 卫星的分布使得在全球任何地方、任何时间都可观测到 4 颗以上的卫星。（　　　　）

　　12. 无人驾驶汽车必须要"精确地知道我在哪儿"，即进行准确定位，给出汽车所在位置的相对或绝对坐标。（　　　　）

　　13. GPS 的信号不受隧道、涵洞、山区和城市大厦的影响。（　　　　）

　　14. GPS 中的每颗卫星都配备有多台原子钟，可为卫星提供高精度的时间标准。（　　　　）

　　15. GPS 接收天线由天线单元和前置放大器两部分组成。（　　　　）

16. 组合导航更换后，不需要重新校正标定。（　　）

17. 组合导航系统通过 CAN 总线和上位机进行通信。（　　）

18. 组合导航系统正常工作，上位机测试系统左侧航向、速度、加速度、陀螺仪区能够显示相关数据。（　　）

19. 北斗定位导航系统与 GPS 有哪些区别？

20. 惯性导航系统的工作原理是什么？

参 考 文 献

［1］甄先通，黄坚，王亮，等.自动驾驶汽车环境感知［M］.北京：清华大学出版社，2020.

［2］杜明芳.无人驾驶汽车技术［M］.北京：人民交通出版社，2019.

［3］李荣，刘助春.智能汽车传感器技术［M］.北京：机械工业出版社，2022.

［4］李妙然，邹德伟.智能网联汽车技术概论［M］.北京：机械工业出版社，2019.

［5］陈宁，邹德伟.智能网联汽车环境感知技术［M］.北京：机械工业出版社，2021.

［6］梁金赟，吴文琳.汽车传感器原理与检修［M］.北京：机械工业出版社，2023.

［7］孙慧芝，张潇月.智能网联汽车技术概论［M］.北京：机械工业出版社，2020.

职业教育智能网联汽车技术创新与实践系列教材

智能网联
汽车传感器技术

任务工单

李晓艳　刘强 ◎主编

机械工业出版社
CHINA MACHINE PRESS

智能网联汽车传感器技术
任务工单

学　校＿＿＿＿＿＿＿＿＿

学　号＿＿＿＿＿＿＿＿＿

姓　名＿＿＿＿＿＿＿＿＿

机械工业出版社

目　　录

任务工单 1.1
传统汽车传感器认知

姓名			上课时间	___月___日第___节
班级			上课地点	
团队分工	组长		查阅员	
	记录员		评价员	
任务目标	通过对汽车传感器的概念、分类与特征、在汽车中的应用、发展趋势的学习;了解汽车传感器的分类情况,熟悉汽车传感器在汽车中的应用,掌握汽车传感器按功能进行分类的具体情况;树立热爱生活,热爱学习的意识;树立规则意识和团队合作意识。			
任务要求	无人驾驶汽车是如何感知周围环境,如何进行自主避障,如何实现车联网的?为什么不系安全带,车内会报警?下雨时,刮水器为什么会自动启动?这些都是通过传感器检测其信号,ECU 根据信号数据启动或关闭相应的执行器实现的。那么,车辆中的传感器有哪些呢?有什么功能呢?			
一、知识学习与分析				
传感器的认知	1. 传感器的定义? 2. 传感器由哪几部分组成? 3. 传感器的静态特性包含哪些方面?			
汽车传感器的认知	1. 传感器按能量关系分类可分为_____和_____两类,汽车上应用的传感器大多是_____。 2. 按传感器输出信号分类,有_____和_____两种。 3. 汽车各种传感器按其使用功能又可分为两类:一类是_____传感器,如温度传感器;另一类是_____传感器,如节气门位置传感器。			
汽车传感器的应用	1. 传感器对发动机控制的应用,主要是_____和_____。 2. 传感器对底盘控制的应用,主要有哪几方面?			
二、评价反馈				

1. 自我反思。

2. 考核评价。

评价项目	评价内容	评价标准	分值	自我评价	平台评价	组内评价	组间评价	教师评价	汇总
素质测评	规则意识	遵守作息制度，不迟到，不早退，不旷课	2						
	分析解决问题的能力	查阅资料，解决问题	2						
	团队合作	搜集信息、合作共事、知识共享、听取意见	2						
	热爱生活	热爱生活、热爱学习的意识	2						
专业测评	信息收集	准确记录客户和车辆信息	2						
	知识掌握	传感器的定义和组成	2						
		传感器的特性	2						
		汽车传感器的分类	3						
		汽车传感器的应用	3						
总评	满分 100 分								

任务工单 1.2
智能网联汽车传感器认知

姓名			上课时间	___月___日第___节
班级			上课地点	
团队分工	组长		操作员	
	记录员		评价员	
任务目标		通过对智能网联汽车感知传感器的学习，提升查阅资料，解决问题的能力，了解智能传感器的功能和特点；掌握智能传感器的组成以及特点；掌握智能传感器的应用。		
任务要求		某汽车销售服务中心来了一辆小鹏 G9，客户对于该车辆的智能驾驶辅助系统非常感兴趣，要求实习生小李对小鹏 G9 智能驾驶辅助系统所使用的传感器进行讲解并指出各类传感器的位置和作用，你知道小李需要学习哪些基本知识来向客户做出清晰的解释吗？		

一、信息收集

1. 客户信息登记。

客户信息				
客户姓名		进店时间		联系电话	

2. 车辆信息登记。

车辆信息					
车辆型号		车牌号码		车辆 VIN	
里程数		油量 / 电量		故障灯	□有　□无
车辆外观	剐蹭痕迹	□有　具体情况_____　□无			
故障描述					
车内检查	中控屏尺寸			维修手册	___册，版本
导航系统	□正常启动　□无法启动　□能启动但显示异常，具体情况				
配件设备	维修所用配件和设备是否齐全	□齐全 □不齐全，具体情况			
维修时间	需要时长				
资料提供	本次维修后需要提供给客户的资料有				
车辆清洗	□需要清洗　□无须清洗				

二、知识学习与分析		
智能网联汽车传感器的定义	1. 什么是智能网联汽车环境感知系统？	
	2. 什么是智能网联汽车传感器？	
	3. 智能网联汽车传感器的功能有哪些？	
智能网联汽车传感器的特点	智能网联汽车传感器的特点是什么？	
智能网联汽车传感器的组成	1. 智能网联汽车传感器的组成有哪些？	
	2. 超声波雷达的基础知识介绍。	
	3. 毫米波雷达的基础知识介绍。	
	4. 激光雷达的基础知识介绍。	
	5. 惯性导航的基础知识介绍。	
智能网联汽车传感器应用	1. 智能网联汽车传感器的主要应用有哪些？	
	2. 各类驾驶系统的智能传感器位置和作用是什么？	

三、学习总结
知识总结。

四、评价反馈
1. 自我反思。

2. 考核评价。

评价项目	评价内容	评价标准	分值	自我评价	平台评价	组内评价	组间评价	教师评价	汇总
素质测评	规则意识	遵守作息制度，不迟到，不早退，不旷课	1						
	分析解决问题的能力	查阅资料，解决问题	2						
	个人表达	口头表达能力，书面总结能力	1						
	团队合作	搜集信息、合作共事、知识共享、听取意见	2						
专业测评	信息收集	准确记录客户和车辆信息	1						
	知识掌握	智能网联汽车传感器的定义及功能	2						
		智能传感器的特点	2						
		智能网联汽车传感器的组成以及各类传感器的特性	3						
		智能网联汽车传感器的应用	2						
	知识考查	传感器的特性和应用介绍是否正确	2						
	方案制定	传感器位置查找是否正确	2						
总评	满分 100 分								

任务工单 2.1
汽车温度传感器识别与检测

姓名		上课时间	____月____日第____节
班级		上课地点	
团队分工	组长	操作员	
	记录员	评价员	
任务目标	通过对温度传感器的种类、结构、工作原理以及检测过程的学习，要求学生能够熟记各类温度传感器的控制原理和电路；能够使用故障诊断仪、万用表等工具；能够使用工具和仪器进行温度传感器的检测；能够完成各类温度传感器的认知与检测；树立安全意识、团队合作意识和岗位职责意识；提升实践操作能力。		
任务要求	客户李先生的混动卡罗拉汽车报发电机温度传感器辅助蓄电池短路或开路故障码，经过技师排查诊断认为可能是电机温度传感器的故障，李先生想向技师了解什么是温度传感器，电机温度传感器和他之前维修过的冷却液温度传感器是否一样，作为技师应该如何解决李先生提出的关于各类温度传感器识别和检测的内容并且帮助李先生进行电机温度传感器的检测呢？		

一、信息收集

1. 客户信息登记。

客户信息					
客户姓名		进店时间		联系电话	

2. 车辆信息登记。

车辆信息					
车辆型号		车牌号码		车辆 VIN	
里程数		油量／电量		故障灯	□有　□无
车辆外观	刮蹭痕迹	□有　具体情况_____	□无		
故障描述					
车内检查	中控屏尺寸		维修手册	____册，版本	
导航系统	□正常启动　□无法启动　□能启动但显示异常，具体情况				
配件设备	维修所用配件和设备是否齐全	□齐全 □不齐全，具体情况			
维修时间	需要时长				
资料提供	本次维修后需要提供给客户的资料有				
车辆清洗	□需要清洗　□无须清洗				

二、知识学习与故障排查	
温度传感器的认知	1. 温度传感器的组成是什么？
	2. 温度传感器的分类是什么？
冷却液温度传感器、进气温度传感器、排气温度传感器的认知与检测	1. 冷却液传感器、进气温度传感器、排气温度传感器的作用是什么？
	2. 冷却液温度传感器、进气温度传感器、排气温度传感器的位置在哪？
	3. 绘制冷却液温度传感器、进气温度传感器、排气温度传感器的电路。
	4. 简述检测冷却液温度传感器、进气温度传感器、排气温度传感器的步骤。
车内车外温度传感器、空调蒸发器温度传感器的认知与检测	1. 车内车外温度传感器、空调蒸发器温度传感器的作用是什么？
	2. 车内车外温度传感器、空调蒸发器温度传感器的位置在哪？
	3. 绘制车内车外温度传感器、空调蒸发器温度传感器的电路。
	4. 简述检测车内车外温度传感器、空调蒸发器温度传感器的步骤。

混合动力汽车蓄电池温度传感器、混合动力汽车辅助蓄电池温度传感器、混合动力系统电机温度传感器的认知与检测	1. 车内混合动力汽车蓄电池温度传感器、混合动力汽车辅助蓄电池温度传感器、混合动力系统电机温度传感器的作用是什么？ 2. 混合动力汽车蓄电池温度传感器、混合动力汽车辅助蓄电池温度传感器、混合动力系统电机温度传感器的位置在哪？ 3. 绘制混合动力汽车蓄电池温度传感器、混合动力汽车辅助蓄电池温度传感器、混合动力系统电机温度传感器的电路。 4. 简述检测混合动力汽车蓄电池温度传感器、混合动力汽车辅助蓄电池温度传感器、混合动力系统电机温度传感器的步骤。
热敏铁氧体温度传感器的认知与检测	1. 热敏铁氧体温度传感器的作用是什么？ 2. 热敏铁氧体温度传感器的位置在哪？

热敏铁氧体 温度传感器 的认知与检测	3. 绘制热敏铁氧体温度传感器的电路。 4. 简述检测热敏铁氧体温度传感器的步骤。

三、冷却液温度传感器、进气温度传感器、排气温度传感器实操检测

序号	具体操作步骤	结果
1		□完成　□未完成
2		□完成　□未完成
3		□完成　□未完成

四、混合动力汽车蓄电池温度传感器、混合动力汽车辅助蓄电池温度传感器、混合动力系统电机温度传感器实操检测

序号	具体操作步骤	结果
1		□完成　□未完成
2		□完成　□未完成
3		□完成　□未完成
4		□完成　□未完成

五、热敏铁氧体温度传感器实操检测

序号	具体操作步骤	结果
1		□完成　□未完成
2		□完成　□未完成
3		□完成　□未完成

六、评价反馈

1. 自我反思。

2. 考核评价。

评价项目	评价内容	评价标准	分值	平台评价	组内评价	组间评价	教师评价	汇总
素质测评	规则意识	遵守作息制度，不迟到，不早退，不旷课	1					
	分析解决问题的能力	查阅资料，解决问题	1					
	个人表达	口头表达能力，书面总结能力	1					
	团队合作	搜集信息、合作共事、知识共享、听取意见	1					
专业测评	信息收集	准确记录客户和车辆信息	1					
	知识掌握	冷却液温度传感器、进气温度传感器、排气温度传感器的工作原理	2					
		车内车外温度传感器、空调蒸发器温度传感器的工作原理	2					
		混合动力汽车蓄电池温度传感器、混合动力汽车辅助蓄电池温度传感器、混合动力系统电机温度传感器的工作原理	2					
		热敏铁氧体温度传感器的工作原理	2					
	传感器检测	冷却液温度传感器、进气温度传感器、排气温度传感器的检测	2					
		车内车外温度传感器、空调蒸发器温度传感器的检测	2					
		混合动力汽车蓄电池温度传感器、混合动力汽车辅助蓄电池温度传感器、混合动力系统电机温度传感器检测	2					
		热敏铁氧体温度传感器检测	1					
总评	满分 100 分							

任务工单 2.2
汽车空气流量传感器识别与检测

姓名			上课时间	___月___日第___节
班级			上课地点	
团队分工	组长		操作员	
	记录员		评价员	
任务目标	通过对空气流量传感器的学习，提升独立思考、分析和处理问题的能力；了解空气流量传感器的不同类型；掌握空气流量传感器的基本结构和特点；掌握不同类型空气流量传感器的工作原理；能够对空气流量传感器常见故障进行检测。			
任务要求	客户李女士来到某汽车销售服务中心进行车辆维修，经过检测发现该车的空气流量传感器出现故障。实习生小李作为维修团队人员，对业务还不熟悉，小李的师傅要求小李进行空气流量传感器知识的学习，帮助李女士查找该故障出现的原因，制订解决方案。			

一、信息收集

1. 客户信息登记。

客户信息					
客户姓名		进店时间		联系电话	

2. 车辆信息登记。

车辆信息					
车辆型号		车牌号码		车辆 VIN	
里程数		油量／电量		故障灯	□有　□无
车辆外观	剐蹭痕迹	□有　具体情况_____　□无			
故障描述					
车内检查	中控屏尺寸		维修手册	___册，版本	
导航系统	□正常启动　□无法启动　□能启动但显示异常，具体情况				
配件设备	维修所用配件和设备是否齐全	□齐全 □不齐全，具体情况			
维修时间	需要时长				
资料提供	本次维修后需要提供给客户的资料有				
车辆清洗	□需要清洗　□无须清洗				

二、知识学习与故障排查	
空气流量传感器的概述	1. 空气流量传感器的作用是什么？ 2. 空气流量传感器的类型有哪些？ 3. 常用的空气流量传感器有哪些？
热丝式空气流量传感器	热丝式空气流量计的优点有哪些？
热膜式空气流量传感器	热膜式空气流量传感器与热丝式空气流量计有哪些区别？
热阻式空气流量传感器	由于热膜式和热阻式空气流量计均是部分采集空气流量，故精度较热丝式_____。
故障原因	针对不同空气流量传感器需要检测哪些值，来进行判断其品质的好坏？

三、解决方案

序号	作业项目	说明

| | | | 四、评价反馈 | | | | | | | |

1. 自我反思。

2. 考核评价。

评价项目	评价内容	评价标准	分值	自我评价	平台评价	组内评价	组间评价	教师评价	汇总
素质测评	规则意识	遵守作息制度，不迟到，不早退，不旷课	2						
	分析解决问题的能力	查阅资料，解决问题	2						
	个人表达	口头表达能力，书面总结能力	2						
	团队合作	搜集信息、合作共事、知识共享、听取意见	2						
专业测评	信息收集	准确记录客户和车辆信息	2						
	知识掌握	空气流量传感器的类型	2						
		空气流量传感器的基本结构和特点	2						
		空气流量传感器的工作原理	2						
	故障排查	故障排查是否正确	2						
	方案制订	方案制订是否合理	2						
总评	满分 100 分								

任务工单 2.3
汽车气体浓度传感器识别与检测

姓名		上课时间	___月___日第___节
班级		上课地点	
团队分工	组长	操作员	
	记录员	评价员	
任务目标	通过对氧传感器、氮氧化物传感器、空气质量传感器和烟雾浓度传感器等汽车气体浓度传感器的学习，提升独立思考、处理和分析问题的能力；了解不同类型的传感器；掌握各类传感器的基本结构和特点；掌握各类传感器的工作原理；能够对相关传感器常见故障进行检测。		
任务要求	客户李女士的科鲁兹轿车出现油耗偏高，发动机故障灯异常点亮等故障现象，现来到某汽车销售服务中心进行车辆维修，经过检测发现与汽车的气体浓度传感器有关。实习生小李作为维修团队人员，对业务还不熟悉，小李的师傅要求小李进行汽车气体浓度传感器知识的学习，帮助李女士查找该故障出现的原因，制订解决方案。		

一、信息收集

1. 客户信息登记。

客户信息					
客户姓名		进店时间		联系电话	

2. 车辆信息登记。

车辆信息					
车辆型号		车牌号码		车辆 VIN	
里程数		油量 / 电量		故障灯	□有　□无
车辆外观	剐蹭痕迹	□有　具体情况_____　□无			
故障描述					
车内检查	中控屏尺寸		维修手册	___册，版本	
导航系统	□正常启动　□无法启动　□能启动但显示异常，具体情况				
配件设备	维修所用配件和设备是否齐全	□齐全 □不齐全，具体情况			
维修时间	需要时长				
资料提供	本次维修后需要提供给客户的资料有				
车辆清洗	□需要清洗　□无须清洗				

二、知识学习与故障排查	
氧传感器	1. 氧传感器的作用是什么？ 2. 目前使用的氧传感器有_____式和_____式两种。 3. 根据氧传感器所产生的电压值就可测量氧传感器外表面的氧气含量，而发动机废气排放中的氧含量主要取决于混合气的_____。
氮氧化物传感器	1. 氮氧化物传感器的作用是什么？ 2. 氮氧化物传感器的安装位置在哪？
空气质量传感器	1. 在自动空气内循环运行模式接通的情况下，空气质量传感器会测量吸入空气中的_____。 2. 该传感器的核心由混有____的氧化物或混有____的氧化物组成。
烟雾浓度传感器	1. 烟雾浓度传感器的作用是什么？ 2. 烟雾浓度传感器是由_____、_____及信号处理电路组成的。
故障原因	针对不同传感器需要检测哪些值来进行判断其品质的好坏？

三、解决方案		

序号	作业项目	说明

四、评价反馈

1. 自我反思。

2. 考核评价。

评价项目	评价内容	评价标准	分值	自我评价	平台评价	组内评价	组间评价	教师评价	汇总
素质测评	规则意识	遵守作息制度，不迟到，不早退，不旷课	2						
	分析解决问题的能力	查阅资料，解决问题	2						
	个人表达	口头表达能力，书面总结能力	2						
	团队合作	搜集信息、合作共事、知识共享、听取意见	2						
专业测评	信息收集	准确记录客户和车辆信息	2						
	知识掌握	氧传感器的类型和作用	2						
		氮氧化物传感器的作用和安装位置	2						
		空气质量传感器的工作原理	1						
		烟雾浓度传感器的作用和结构	1						
	故障排查	故障排查是否正确	2						
	方案制订	方案制订是否合理	2						
总评	满分 100 分								

任务工单 3.1
汽车压力传感器识别与检测

姓名			上课时间	___月___日第___节
班级			上课地点	
团队分工	组长		操作员	
	记录员		评价员	
任务目标	通过对汽车压力传感器的学习,培养学生善于思考、精益求精的精神;学习汽车压力传感器的定义及分类;掌握机油压力开关、进气压力传感器、涡轮增压压力传感器、大气压力传感器、蓄能器压力传感器、共轨压力传感器等的结构及工作原理;掌握压力传感器的检测方法。			
任务要求	客户李先生来到某汽车销售服务中心进行车辆维修,检测发现车辆的进气压力传感器出现故障,导致燃料不充足,回火,动力不足,加速无力,甚至起动困难。你作为维修人员根据所学传感器知识,诊断出现故障的原因,制订解决方案。			

一、信息收集

1. 客户信息登记。

客户信息				
客户姓名		进店时间		联系电话	

2. 车辆信息登记。

车辆信息		
车辆型号	车牌号码	车辆 VIN
里程数	油量 / 电量	故障灯　　□有　□无
车辆外观	剐蹭痕迹　□有　具体情况＿＿＿＿＿＿＿　□无	
故障描述		
车内检查	中控屏尺寸	维修手册　＿＿＿册,版本
导航系统	□正常启动　□无法启动　□能启动但显示异常,具体情况	
配件设备	维修所用配件和设备是否齐全	□齐全 □不齐全,具体情况
维修时间	需要时长	
资料提供	本次维修后需要提供给客户的资料有	
车辆清洗	□需要清洗　□无须清洗	

二、知识学习与故障排查	
进气压力传感器	1. 进气压力传感器的作用是什么？ 2. 进气压力传感器的分类有哪些？
大气压力传感器	1. 大气压力传感器的作用是什么？ 2. 大气压力传感器一般安装在_____或者_____。
机油压力传感器	1. 机油压力传感器的作用是什么？ 2. 机油压力传感器的工作原理是什么？
轮胎压力传感器	轮胎压力传感器主要由轮胎压力警告阀和_____、_____、_____、_____、_____、_____等组成。
故障原因	

三、半导体压敏电阻式进气压力传感器检测

序号	具体操作步骤	结果
1		□完成　□未完成
2		□完成　□未完成
3		□完成　□未完成

四、电容式进气压力传感器检测

序号	具体操作步骤	结果
1		□完成　□未完成
2		□完成　□未完成
3		□完成　□未完成
4		□完成　□未完成

五、大气压力传感器检测

测量参数：

大气压力 / 进气歧管压力 /kPa	17	33	50	67	83
输出电压 /V					

六、蓄能器压力传感器检测

序号	具体操作步骤	结果
1		□完成　□未完成
2		□完成　□未完成
3		□完成　□未完成

七、评价反馈

1. 自我反思。

2. 考核评价。

评价项目	评价内容	评价标准	分值	自我评价	平台评价	组内评价	组间评价	教师评价	汇总
素质测评	规则意识	遵守作息制度，不迟到，不早退，不旷课	2						
	分析解决问题的能力	查阅资料，解决问题	2						
	个人表达	口头表达能力，书面总结能力	2						
	团队合作	搜集信息、合作共事、知识共享、听取意见	2						
专业测评	信息收集	准确记录客户和车辆信息	2						
	知识掌握	进气压力传感器的工作原理	1						
		大气压力传感器的工作原理	1						
		机油压力传感器的工作原理	1						

（续）

评价项目	评价内容	评价标准	分值	自我评价	平台评价	组内评价	组间评价	教师评价	汇总
专业测评	知识掌握	蓄能器压力传感器的工作原理	1						
		共轨燃油压力传感器的工作原理	1						
		轮胎压力传感器的工作原理	1						
	传感器检测	压敏电阻式进气压力传感器检测	1						
		电容式进气压力传感器检测	1						
		大气压力传感器检测	1						
		蓄能器压力传感器检测	1						
总评	满分100分								

任务工单 3.2

汽车爆燃传感器与碰撞传感器识别与检测

姓名			上课时间	___月___日第___节
班级			上课地点	
团队分工	组长		操作员	
	记录员		评价员	
任务目标	通过对汽车爆燃、碰撞传感器的基础知识学习，能够了解爆燃及碰撞传感器的分类；掌握压电式爆燃传感器、磁致伸缩式爆燃传感器、滚球式碰撞传感器、阻尼弹簧式碰撞传感器、偏心锤式碰撞传感器等的工作原理；会用万用表完成碰撞传感器的检测；养成自主探索和团队合作相结合的学习方式，培养学生的创新思维能力，提高学生动手操作能力。			
任务要求	一辆轿车的安全气囊灯点亮，安全气囊控制单元存储有故障码 01221（驾驶人侧侧面安全气囊碰撞传感器 G179）、01222（副驾驶人侧侧面安全气囊碰撞传感器 G180）。作为 4S 店汽车维修工，请你排除故障。			

一、信息收集

1. 客户信息登记。

客户信息				
客户姓名		进店时间		联系电话

2. 车辆信息登记。

车辆信息			
车辆型号		车牌号码	车辆 VIN
里程数		油量 / 电量	故障灯　□有　□无
车辆外观	剐蹭痕迹	□有　具体情况_____　□无	
故障描述			
车内检查	中控屏尺寸	维修手册	___册，版本
导航系统	□正常启动　□无法启动　□能启动但显示异常，具体情况		
配件设备	维修所用配件和设备是否齐全	□齐全 □不齐全，具体情况	
维修时间	需要时长		
资料提供	本次维修后需要提供给客户的资料有		
车辆清洗	□需要清洗　□无须清洗		

二、知识学习与故障排查	
压电式爆燃 传感器	1. 爆燃传感器主要有_____、_____、_____、_____等几种类型。 2. 共振型压电式爆燃传感器由_____、_____、_____组成。 3. 共振型与非共振型压电式爆燃传感器的区别是什么?
磁致伸缩式爆燃 传感器	1. 共振型磁致伸缩式爆燃传感器主要由_____、_____、_____和壳体组成。 2. 当传感器的固有振动频率和发动机缸体的振动频率相同时,即当发动机缸体的振动频率达到_____时,传感器将产生共振。
碰撞传感器	1. 碰撞传感器的分类有哪几种? 2. 滚球式碰撞传感器的工作原理是什么? 3. 阻尼弹簧式碰撞传感器的工作原理是什么? 4. 偏心锤式碰撞传感器的转子总成由_____、_____及_____组成,安装在传感器轴上。
故障原因	

三、丰田凌志 LS400 前碰撞传感器检测		
序号	具体操作步骤	结果
1		□完成　□未完成
2		□完成　□未完成
3		□完成　□未完成
4		□完成　□未完成

四、评价反馈
1. 自我反思。

2. 考核评价。

评价项目	评价内容	评价标准	分值	自我评价	平台评价	组内评价	组间评价	教师评价	汇总
素质测评	规则意识	遵守作息制度，不迟到，不早退，不旷课	2						
	分析解决问题的能力	查阅资料，解决问题	2						
	个人表达	口头表达能力，书面总结能力	2						
	团队合作	搜集信息、合作共事、知识共享、听取意见	2						
专业测评	信息收集	准确记录客户和车辆信息	2						
	知识掌握	压电式爆燃传感器的工作原理	1						
		磁致伸缩式爆燃传感器的工作原理	1						
		滚球式碰撞传感器的工作原理	1						
		阻尼弹簧式碰撞传感器的工作原理	1						
		偏心锤式碰撞传感器的工作原理	1						
	故障排查	故障排查是否正确	3						
	方案制订	方案制订是否合理	2						
总评	满分 100 分								

任务工单 4.1
汽车位置传感器识别与检测

姓名				上课时间	___月___日第___节
班级				上课地点	
团队分工	组长			操作员	
	记录员			评价员	
任务目标	通过对汽车位置传感器的学习，提升独立思考、分析和解决问题的能力；了解汽车位置传感器的不同分类方式；掌握汽车位置传感器的基本结构和特点；掌握汽车位置传感器的工作原理；了解汽车位置传感器的应用。				
任务要求	客户李女士来到某汽车销售服务中心进行车辆维修，李女士反映车辆出现起动困难，怠速不稳，故障灯亮，能行车但动力性差等问题。小李作为维修团队人员，需要帮助李女士查找该故障出现的原因，制订解决方案。你知道小李需要学习哪些基本知识吗？				

一、信息收集

1. 客户信息登记。

客户信息					
客户姓名		进店时间		联系电话	

2. 车辆信息登记。

车辆信息					
车辆型号		车牌号码		车辆 VIN	
里程数		油量 / 电量		故障灯	□有　□无
车辆外观	剐蹭痕迹	□有　具体情况_____		□无	
故障描述					
车内检查	中控屏尺寸		维修手册	___册，版本	
导航系统	□正常启动　□无法启动　□能启动但显示异常，具体情况				
配件设备	维修所用配件和设备是否齐全	□齐全 □不齐全，具体情况			
维修时间	需要时长				
资料提供	本次维修后需要提供给客户的资料有				
车辆清洗	□需要清洗　□无须清洗				

二、知识学习与故障排查	
曲轴位置传感器	1. 曲轴位置传感器的作用是什么？ 2. 曲轴位置传感器的分类是什么？
凸轮轴位置传感器	1. 凸轮轴位置传感器的作用是什么？ 2. 凸轮轴位置传感器的分类是什么？
节气门位置传感器	1. 节气门位置传感器的作用是什么？ 2. 节气门位置传感器的分类是什么？
踏板位置传感器	加速踏板位置传感器安装在_____，常见的加速踏板位置传感器有_____、_____。
车辆高度传感器	车辆高度传感器的作用是什么？
转向盘转角传感器	转向盘转角传感器的工作原理是什么？
液位传感器	简述液位传感器的作用及安装位置。

三、磁感应式曲轴位置传感器检测		

序号	具体操作步骤	结果
1		□完成　□未完成
2		□完成　□未完成
3		□完成　□未完成

四、磁阻式凸轮轴位置传感器检测		
序号	具体操作步骤	结果
1		□完成　□未完成
2		□完成　□未完成

五、评价反馈

1. 自我反思。

2. 考核评价。

评价项目	评价内容	评价标准	分值	自我评价	平台评价	组内评价	组间评价	教师评价	汇总
素质测评	规则意识	遵守作息制度，不迟到，不早退，不旷课	2						
	分析解决问题的能力	查阅资料，解决问题	3						
	个人表达	口头表达能力，书面总结能力	2						
	团队合作	搜集信息、合作共事、知识共享、听取意见	2						
专业测评	信息收集	准确记录客户和车辆信息	2						
	知识掌握	曲轴位置传感器的作用和分类	1						
		凸轮轴位置传感器的作用和分类	1						
		节气门位置传感器的作用和分类	1						
		踏板位置传感器的基本知识	1						
		车辆高度传感器的作用	1						
		转向盘转角传感器的工作原理	1						
		液位传感器的作用	1						
	传感器检测	磁感应式曲轴位置传感器检测	1						
		磁阻式曲轴位置传感器检测	1						
总评	满分100分								

任务工单 4.2
汽车速度传感器识别与检测

姓名			上课时间	____月____日第____节
班级			上课地点	
团队分工	组长		操作员	
	记录员		评价员	
任务目标	通过对汽车速度传感器的学习，提升独立思考、分析和解决问题的能力；了解汽车速度传感器的不同分类方式；掌握汽车速度传感器的基本结构和特点；掌握汽车速度传感器的工作原理；了解汽车速度传感器的应用。			
任务要求	客户李先生的车出现怠速时发动机不稳、发动机故障灯亮；发动机加速性能下降、仪表上的车速显示有偏差；当车辆起步或减速停车的时候，出现瞬间停顿或熄火。你作为售后服务工作人员，如何完成故障的排除？			

一、信息收集

1. 客户信息登记。

客户信息				
客户姓名		进店时间		联系电话	

2. 车辆信息登记。

车辆信息				
车辆型号		车牌号码		车辆 VIN 码	
里程数		油量 / 电量		故障灯	□有 □无
车辆外观	剐蹭痕迹	□有 具体情况_____ □无			
故障描述					
车内检查	中控屏尺寸		维修手册	____册，版本	
导航系统	□正常启动 □无法启动 □能启动但显示异常，具体情况				
配件设备	维修所用配件和设备是否齐全	□齐全 □不齐全，具体情况			
维修时间	需要时长				
资料提供	本次维修后需要提供给客户的资料有				
车辆清洗	□需要清洗 □无须清洗				

	二、知识学习与故障排查
发动机转速传感器	发动机转速传感器的工作原理是什么？
车速传感器	常见的车速传感器有_____、_____、_____、_____和_____几种。
轮速传感器	轮速传感器的工作原理是什么？
加速度传感器	横向加速度传感器的作用是什么？
角速度传感器	角速度传感器的工作原理是什么？
故障原因	

三、电磁感应式轮速传感器检测		
序号	具体操作步骤	结果
1		□完成　□未完成
2		□完成　□未完成
3		□完成　□未完成

四、评价反馈
1. 自我反思。

2. 考核评价。

评价项目	评价内容	评价标准	分值	自我评价	平台评价	组内评价	组间评价	教师评价	汇总
素质测评	规则意识	遵守作息制度，不迟到，不早退，不旷课	2						
	分析解决问题的能力	查阅资料，解决问题	2						
	个人表达	口头表达能力，书面总结能力	2						
	团队合作	搜集信息、合作共事、知识共享、听取意见	2						
专业测评	信息收集	准确记录客户和车辆信息	2						
	知识掌握	发动机转速传感器工作原理	1						
		轮速传感器工作原理	2						
		加速度传感器的工作原理	1						
		角速度传感器工作原理	1						
	传感器检测	发动机转速传感器检测	1						
		轮速传感器检测	2						
		加速度传感器检测	1						
		角速度传感器检测	1						
总评	满分 100 分								

任务工单 5.1
智能网联汽车激光雷达认知

姓名		上课时间	___月___日第___节
班级		上课地点	
团队分工	组长	操作员	
	记录员	评价员	
任务目标	通过对激光雷达的学习，提升独立思考，分析解决问题的能力；了解激光雷达的不同分类方式；掌握激光雷达的基本结构和特点；掌握激光雷达的工作原理；了解激光雷达的应用。		
任务要求	客户李女士来到某汽车销售服务中心进行车辆维修，经检查车辆的激光雷达出现故障。实习生小李作为维修团队人员，对业务还不熟悉。小李的师傅要求小李学习激光雷达的相关知识，帮助李女士查找该故障出现的原因，制订解决方案。你知道小李需要学习激光雷达的哪些基本知识吗?		

一、信息收集

1. 客户信息登记。

客户信息					
客户姓名		进店时间		联系电话	

2. 车辆信息登记。

车辆信息				
车辆型号		车牌号码		车辆 VIN
里程数		油量 / 电量		故障灯　□有　□无
车辆外观	剐蹭痕迹	□有　具体情况_____　□无		
故障描述				
车内检查	中控屏尺寸		维修手册	___册，版本
导航系统	□正常启动　　□无法启动　　□能启动但显示异常，具体情况			
配件设备	维修所用配件和设备是否齐全	□齐全 □不齐全，具体情况		
维修时间	需要时长			
资料提供	本次维修后需要提供给客户的资料有			
车辆清洗	□需要清洗　□无须清洗			

二、知识学习与故障排查		
激光雷达的定义	1. 什么是激光雷达? 2. 什么是点云? 3. 激光雷达的优点有哪些?	
激光雷达的分类	1. 按照工作介质分类,激光雷达可分为_____、_____和_____、_____。 2. 按照功能分类,激光雷达可分为_____、_____和_____、_____、_____。 3. 按照有无旋转部件分类,激光雷达可分为_____、_____和_____。 4. 按照线束分类,激光雷达可分为_____、_____。	
激光雷达的结构与参数	1. 激光雷达由哪 4 部分组成? 2. 激光雷达有哪些技术参数?	
激光雷达的工作原理	1. 激光雷达的测距方法有哪 3 种? 2. TOF 法是指什么?	
激光雷达技术	1. 激光雷达主要应用有哪些? 2. 激光雷达的发展趋势?	
故障原因		

	三、解决方案	
序号	作业项目	说明

四、评价反馈

1. 自我反思。

2. 考核评价。

评价项目	评价内容	评价标准	分值	自我评价	平台评价	组内评价	组间评价	教师评价	汇总
素质测评	规则意识	遵守作息制度，不迟到，不早退，不旷课	2						
	分析解决问题的能力	查阅资料，解决问题	2						
	个人表达	口头表达能力，书面总结能力	2						
	团队合作	搜集信息、合作共事、知识共享、听取意见	2						
专业测评	信息收集	准确记录客户和车辆信息	2						
	知识掌握	激光雷达的不同分类方式	1						
		激光雷达的基本结构和特点	2						
		激光雷达的工作原理	2						
		激光雷达的应用	1						
	故障排查	故障排查是否正确	2						
	方案制订	方案制订是否合理	2						
总评	满分100分								

任务工单 5.2
智能网联汽车激光雷达装调与检测

姓名				上课时间	___月___日第___节
班级				上课地点	
团队分工	组长			操作员	
	检验员			记录员	
任务目标	通过对激光雷达的安装、调试和检测的学习和实践操作，能够使用安装激光雷达时所需的工具；能够使用工具和仪器进行激光雷达的品质检测；能够完成激光雷达装调与测试；树立严谨的工作态度、团队合作意识和岗位职责意识；提升实践操作能力。				
任务要求	客户李先生的车发生事故，导致激光雷达破损，需要进行更换。你作为售后服务工作人员，如何完成激光雷达的更换？				

一、信息收集

1. 客户信息登记。

客户信息		
客户姓名	进店时间	联系电话

2. 车辆信息登记。

车辆信息					
车辆型号		车牌号码		车辆 VIN	
里程数		油量 / 电量		故障灯	□有　□无
车辆外观	剐蹭痕迹	□有　具体情况_____		□无	
故障描述					
车内检查	中控屏尺寸		维修手册	___册，版本	
导航系统	□正常启动　□无法启动　□能启动但显示异常，具体情况				
配件设备	维修所用配件和设备是否齐全	□齐全 □不齐全，具体情况			
维修时间	需要时长				
资料提供	本次维修后需要提供给客户的资料有				
车辆清洗	□需要清洗　□无须清洗				

二、准备工作	
设备准备	智能网联汽车教学车、智能传感器装配调试台架。
工具/仪器准备	电脑、数字万用表、示波器、卷尺、多功能距离角度测量仪、常用拆装工具套装、内六角扳手。
团队成员分工	实行角色轮换制，组长1名，记录员2名，检验员2名，操作员多名。
注意事项	1. 实训开始前应摘掉各类饰品，穿着实训服，长发需挽起。 2. 整车实训时，应确保点火开关处于Lock状态，操作另有要求时除外。 3. 应施加驻车制动，操作另有要求时除外。 4. 工具使用后，应清洁并归位。

清点检查设备、工具、材料	名称	数量	清点	名称	数量	清点
			□已清点			□已清点
			□已清点			□已清点
			□已清点			□已清点

三、激光雷达的安装

序号	具体操作步骤	结果
1		□完成　□未完成
2		□完成　□未完成
3		□完成　□未完成
4		□完成　□未完成
5		□完成　□未完成
6		□完成　□未完成
7		□完成　□未完成
8		□完成　□未完成
9		□完成　□未完成
10		□完成　□未完成
11		□完成　□未完成

四、激光雷达的调试

1. 操作步骤。

以机械式多线激光雷达安装在车辆顶部为例，按照激光雷达安装的步骤完成装配。

序号	具体操作步骤	结果
1		□完成　□未完成
2		□完成　□未完成
3		□完成　□未完成
4		□完成　□未完成
5		□完成　□未完成
6		□完成　□未完成

2. 参数配置。

项目	配置要求	项目	配置要求
颜色配置	R: ＿＿, G: ＿＿, B: ＿＿。	直通滤波器设置	过滤字段: ＿＿＿＿＿＿＿＿ 范围最小值: ＿＿＿＿＿＿＿ 范围最大值: ＿＿＿＿＿＿＿
体素化网格设置	体素体积边长: ＿＿＿＿＿。	统计离群点	临近点数: ＿＿＿＿＿＿＿＿ 离群点阈值: ＿＿＿＿＿＿＿
半径离群点	半径离群点: ＿＿＿＿＿＿。 邻近点数: ＿＿＿＿＿＿。	欧氏聚类设置	滤波设置: ＿＿＿＿＿＿＿＿ 聚类半径: ＿＿＿＿＿＿＿＿ 聚类最小点数: ＿＿＿＿＿＿ 聚类最大点数: ＿＿＿＿＿＿

五、激光雷达的检测

以"仪表提示激光雷达故障"为故障现象，进行故障检测。

步骤	具体操作		结果
检测前防护	个人防护		□完成　□未完成
	设备安全防护		□完成　□未完成
故障现象			
故障分析	激光雷达适配器		□正常　□不正常
	激光雷达与适配器之间的连接电路		□正常　□不正常
	激光雷达适配器连接至计算平台的以太网线路		□正常　□不正常
	激光雷达本体或计算平台本体		□正常　□不正常
故障检测	用万用表电压档测量适配器供电电源		正常值:
	测量激光雷达与适配器之间的连接电路		正常值:
	用万用表蜂鸣档分别测量激光雷达与适配器之间的连接电路端子		正常值:
	用替换法检查激光雷达适配器与计算平台之间的以太网网线		具体情况:
故障修复	维修或更换相同型号的标准网线		故障是否排除:

六、评价反馈

1. 自我反思。

2. 考核评价。

评价项目	评价内容	评价标准	分值	自我评价	平台评价	组内评价	组间评价	教师评价	汇总
素质测评	规则意识	遵守作息制度，不迟到，不早退，不旷课	2						
	岗位职责	组长、检测员、记录员、操作员分工	2						
	操作能力	实践操作能力	2						
	团队合作	搜集信息、合作共事、知识共享、听取意见	2						
专业测评	信息收集	准确记录客户和车辆信息	2						
	技能提升	激光雷达的安装	4						
		激光雷达的调试	3						
		激光雷达的检测	3						
总评	满分100分								

任务工单6.1

智能网联汽车超声波雷达认知

姓名			上课时间	___月___日第___节	
班级			上课地点		
团队分工	组长		操作员		
	记录员		评价员		
任务目标	通过对超声波雷达的学习，提升独立思考，分析和解决问题的能力，了解超声波雷达的不同分类方式；掌握超声波雷达的基本结构和特点；掌握超声波雷达的工作原理；了解超声波雷达的应用。				
任务要求	某汽车销售服务中心接收到一辆倒车雷达失灵的故障车辆，经技术人员检测，初步诊断为超声波雷达故障，需要拆卸超声波雷达部件，进行维修检测。你作为维修团队的一名初级技术员，需要学习超声波雷达的哪些基本知识？				

一、信息收集

1. 客户信息登记。

客户信息					
客户姓名		进店时间		联系电话	

2. 车辆信息登记。

车辆信息					
车辆型号		车牌号码		车辆 VIN	
里程数		油量/电量		故障灯	□有　□无
车辆外观	剐蹭痕迹	□有　具体情况_____		□无	
故障描述					
车内检查	中控屏尺寸		维修手册	___册，版本	
导航系统	□正常启动　□无法启动　□能启动但显示异常，具体情况				
配件设备	维修所用配件和设备是否齐全	□齐全 □不齐全，具体情况			
维修时间	需要时长				
资料提供	本次维修后需要提供给客户的资料有				
车辆清洗	□需要清洗　□无须清洗				

二、知识学习与故障排查	
超声波雷达的定义	1. 什么是超声波雷达？ 2. 超声波雷达的优点有哪些？
超声波雷达的分类	1. 超声波雷达按照工作频率分类，分为_____、_____、_____。 2. 超声波雷达按照结构分类，分为_____、_____和_____、_____、_____、_____。 3. 超声波雷达按照换能器分类，分为_____、_____和_____、_____。 4. 超声波雷达按照应用分类，分为_____、_____。
超声波雷达的结构与参数	1. 超声波雷达由哪4部分组成？ 2. 超声波雷达有哪些技术参数？
超声波雷达的工作原理	超声波雷达的测距方法是什么？
超声波雷达的应用	超声波雷达的主要应用有哪些？
故障原因	

三、解决方案		
序号	作业项目	说明

四、评价反馈

1. 自我反思。

2. 考核评价。

评价项目	评价内容	评价标准	分值	自我评价	平台评价	组内评价	组间评价	教师评价	汇总
素质测评	规则意识	遵守作息制度，不迟到，不早退，不旷课	2						
	分析解决问题的能力	查阅资料，解决问题	2						
	个人表达	口头表达能力，书面总结能力	2						
	团队合作	搜集信息、合作共事、知识共享、听取意见	2						
专业测评	信息收集	准确记录客户和车辆信息	2						
	知识掌握	超声波雷达的不同分类方式	1						
		超声波雷达的基本结构和特点	2						
		超声波雷达的工作原理	2						
		超声波雷达的应用	1						
	故障排查	故障排查是否正确	2						
	方案制订	方案制订是否合理	2						
总评	满分 100 分								

任务工单 6.2
智能网联汽车超声波雷达装调与检测

姓名			上课时间	___月___日第___节
班级			上课地点	
团队分工	组长		操作员	
	检验员		记录员	
任务目标	通过对超声波雷达的安装、调试和检测的学习和实践操作，能够使安装用超声波雷达时所需的工具；能够完成超声波雷达装调；能够对超声波雷达进行测试；树立安全操作意识、团队合作和岗位职责意识；提升解决问题的能力。			
任务要求	客户王先生的车发生事故，导致倒车辅助系统处于报警状态，经检测是超声波雷达损坏，需要进行更换。你作为售后服务工作人员，如何完成超声波雷达的更换？			

一、信息收集

1. 客户信息登记。

客户信息					
客户姓名		进店时间		联系电话	

2. 车辆信息登记。

车辆信息				
车辆型号		车牌号码		车辆 VIN
里程数		油量 / 电量		故障灯　□有　□无
车辆外观	剐蹭痕迹	□有　具体情况_____	□无	
故障描述				
车内检查	中控屏尺寸		维修手册	___册，版本
导航系统	□正常启动　□无法启动　□能启动但显示异常，具体情况			
配件设备	维修所用配件和设备是否齐全	□齐全 □不齐全，具体情况		
维修时间	需要时长			
资料提供	本次维修后需要提供给客户的资料有			
车辆清洗	□需要清洗　□无须清洗			

二、准备工作	
设备准备	智能网联汽车教学车、智能传感器装配调试台架。
工具/仪器准备	调试计算机、数字万用表、CAN总线分析仪、示波器、常用拆装工具套装。
团队成员分工	实行角色轮换制，组长1名，记录员2名，检验员2名，操作员多名。
注意事项	1. 实训开始前应摘掉各类饰品，穿着实训服，长发需挽起。 2. 整车实训时，应确保点火开关处于Lock状态，操作另有要求时除外。 3. 应施加驻车制动，操作另有要求时除外。 4. 工具使用后，应清洁并归位。

	名称	数量	清点	名称	数量	清点
清点检查设备、工具、材料			□已清点			□已清点
			□已清点			□已清点
			□已清点			□已清点

三、超声波雷达的安装		

序号	具体操作步骤	结果
1		□完成 □未完成
2		□完成 □未完成
3		□完成 □未完成
4		□完成 □未完成
5		□完成 □未完成
6		□完成 □未完成
7		□完成 □未完成
8		□完成 □未完成
9		□完成 □未完成
10		□完成 □未完成
11		□完成 □未完成

四、超声波雷达的调试		
序号	具体操作步骤	结果
1		□完成　□未完成
2		□完成　□未完成
3		□完成　□未完成
4		□完成　□未完成
5		□完成　□未完成
6		□完成　□未完成

五、超声波雷达的检测		

以仪表提示"超声波雷达故障"为故障现象，进行故障检测。

步骤	具体操作		结果
检测前防护	个人防护		□完成　□未完成
	设备安全防护		□完成　□未完成
故障现象			
故障分析	超声波雷达控制器电源搭铁		□正常　□不正常
	超声波雷达控制器通信		□正常　□不正常
	超声波雷达信号测量		□正常　□不正常
	超声波雷达控制器的线束插接器是否松动		□正常　□不正常
	超声波雷达本体或计算平台本体		□正常　□不正常
故障检测	用万用表电压档测量超声波雷达的供电电源		正常值：
	用示波器测量超声波雷达控制器 CAN-H		正常值：
	用示波器测量超声波雷达控制器 CAN-L		正常值：
	用万用表电阻档测量超声波雷达本体电阻值		正常值：
	检查超声波雷达控制器的线束插接器是否松动		具体情况：
故障修复	维修或更换相同型号的超声波雷达控制器		故障是否排除：

六、评价反馈

1. 自我反思。

2. 考核评价。

评价项目	评价内容	评价标准	分值	自我评价	平台评价	组内评价	组间评价	教师评价	汇总
素质测评	规则意识	遵守作息制度，不迟到，不早退，不旷课	2						
	岗位职责	组长、检测员、记录员、操作员分工	2						
	操作能力	实践操作能力	2						
	团队合作	搜集信息、合作共事、知识共享、听取意见	2						
专业测评	信息收集	准确记录客户和车辆信息	2						
	技能提升	超声波雷达的安装	4						
		超声波雷达的调试	3						
		超声波雷达的检测	3						
总评	满分100分								

任务工单 7.1
智能网联汽车毫米波雷达认知

姓名			上课时间	____月____日第____节
班级			上课地点	
团队分工	组长		操作员	
	记录员		评价员	
任务目标	通过对毫米波雷达的学习，提升独立思考、分析和处理问题的能力；了解毫米波雷达的分类；掌握毫米波雷达的基本结构和特点；掌握毫米波雷达的工作原理；了解毫米波雷达的应用。			
任务要求	智能网联汽车搭载有各种智能传感器，根据公司任务安排，需要你从事智能网联汽车毫米波雷达的装配、调试、故障检修等工作。作为一名技术员，在进行这些作业前，需要具备哪些知识和技能呢？			

一、信息收集

1. 客户信息登记。

客户信息					
客户姓名		进店时间		联系电话	

2. 车辆信息登记。

车辆信息					
车辆型号		车牌号码		车辆 VIN	
里程数		油量 / 电量		故障灯	□有　□无
车辆外观	剐蹭痕迹	□有　具体情况_____	□无		
故障描述					
车内检查	中控屏尺寸		维修手册	____册，版本____	
导航系统	□正常启动　□无法启动　□能启动但显示异常，具体情况				
配件设备	维修所用配件和设备是否齐全	□齐全 □不齐全，具体情况			
维修时间	需要时长				
资料提供	本次维修后需要提供给客户的资料有				
车辆清洗	□需要清洗　□无须清洗				

二、知识学习与故障排查	
毫米波雷达 的定义	1. 什么是毫米波雷达? 2. 毫米波雷达的优点有哪些? 3. 毫米波雷达的缺点有哪些?
毫米波雷达 的分类	1. 毫米波雷达按照有效探测范围分类,分为_____、_____和_____。 2. 毫米波雷达按照工作频段分类,分为_____、_____。
毫米波雷达 的结构	毫米波雷达由哪 4 部分组成?
毫米波雷达 的工作原理	1. 毫米波雷达的主要测量目标是_____、_____和_____。 2. 毫米波雷达的工作路径是什么?
毫米波雷达 技术应用	1. 毫米波雷达的主要应用有哪些? 2. 毫米波雷达的发展趋势是什么?
故障原因	

三、解决方案		
序号	作业项目	说明

四、评价反馈

1. 自我反思。

2. 考核评价。

评价项目	评价内容	评价标准	分值	自我评价	平台评价	组内评价	组间评价	教师评价	汇总
素质测评	规则意识	遵守作息制度，不迟到，不早退，不旷课	2						
	分析解决问题的能力	查阅资料，解决问题	2						
	个人表达	口头表达能力，书面总结能力	2						
	团队合作	搜集信息、合作共事、知识共享、听取意见	2						
专业测评	信息收集	准确记录客户和车辆信息	2						
	知识掌握	毫米波雷达的不同分类方式	1						
		毫米波雷达的基本结构和特点	2						
		毫米波雷达的工作原理	2						
		毫米波雷达的应用	1						
	故障排查	故障排查是否正确	2						
	方案制订	方案制订是否合理	2						
总评	满分100分								

任务工单 7.2

智能网联汽车毫米波雷达装调与检测

姓名		上课时间	___月___日第___节
班级		上课地点	
团队分工	组长	操作员	
	检验员	记录员	
任务目标	通过对毫米波雷达的安装、调试和检测的学习和实践操作，能够使用安装毫米波雷达时所需的工具；能够使用工具和仪器对毫米波雷达的品质进行检测；能够完成毫米波雷达装调与测试；弘扬工匠精神，树立认真负责的工作态度，培养持之以恒、精益求精的精神。		
任务要求	经过车厂技术人员检查，发现车辆的前向毫米波雷达损坏，需要拆卸毫米波雷达进行维修检测。作为一名初级技术员，你如何完成毫米波雷达的拆卸和安装？		

一、信息收集

1. 客户信息登记。

客户信息					
客户姓名		进店时间		联系电话	

2. 车辆信息登记。

车辆信息					
车辆型号		车牌号码		车辆 VIN	
里程数		油量/电量		故障灯	□有 □无
车辆外观	剐蹭痕迹	□有 具体情况_____ □无			
故障描述					
车内检查	中控屏尺寸		维修手册	___册，版本	
导航系统	□正常启动 □无法启动 □能启动但显示异常，具体情况				
配件设备	维修所用配件和设备是否齐全	□齐全 □不齐全，具体情况			
维修时间	需要时长				
资料提供	本次维修后需要提供给客户的资料有				
车辆清洗	□需要清洗 □无须清洗				

二、准备工作	
设备准备	智能网联教学车、智能传感器装配调试台架。
工具 / 仪器准备	小螺丝刀套装，内六角扳手、CAN 总线分析仪、调试电脑、数字万用表、示波器。
团队成员分工	实行角色轮换制，组长 1 名，记录员 2 名，检验员 2 名，操作员多名。
注意事项	1. 实训开始前应摘掉各类饰品，穿着实训服，长发需挽起。 2. 实训时，应确保点火开关处于 Lock 状态，操作另有要求时除外。 3. 应施加驻车制动，操作另有要求时除外。 4. 工具使用后，应清洁并归位。

清点检查设备、工具、材料						
	名称	数量	清点	名称	数量	清点
			□已清点			□已清点
			□已清点			□已清点
			□已清点			□已清点

三、毫米波雷达的安装

序号	具体操作步骤	结果
1		□完成　□未完成
2		□完成　□未完成
3		□完成　□未完成
4		□完成　□未完成
5		□完成　□未完成
6		□完成　□未完成
7		□完成　□未完成
8		□完成　□未完成
9		□完成　□未完成
10		□完成　□未完成

四、毫米波雷达的调试

1. 操作步骤。

序号	具体操作步骤	结果
1		□完成　□未完成
2		□完成　□未完成
3		□完成　□未完成

（续）

序号	具体操作步骤	结果
4		□完成　□未完成
5		□完成　□未完成
6		□完成　□未完成
7		□完成　□未完成
8		□完成　□未完成

2. 参数配置。

项目	配置要求	项目	配置要求
雷达配置	灵敏度_____	距离标定	正前方_____处
角度标定	角度_____，纵向_____	碰撞区域	左上顶点：X=____，Y=____ 右下顶点：X=____，Y=____
坐标系缩放	X=____，Y=____		

五、毫米波雷达的检测

步骤	具体操作	结果
检测前防护	个人防护	□完成　□未完成
	设备安全防护	□完成　□未完成
故障现象		
故障分析	毫米波雷达本体	□正常　□不正常
	毫米波雷达适配器	□正常　□不正常
	毫米波雷达本体与适配器之间的电路	□正常　□不正常
	毫米波雷达适配器连接至计算平台的以太网电路	□正常　□不正常
故障检测	用万用表电压档测量适配器供电电源	正常值：
	测量毫米波雷达与适配器之间的连接电路	正常值：
	用万用表蜂鸣档分别测量毫米波雷达与适配器之间的连接电路端子	正常值：
	用替换法检查毫米波雷达适配器与计算平台之间的以太网网线	具体情况：
故障修复	维修或更换相同型号的标准网线	故障是否排除：

六、评价反馈

1. 自我反思。

2. 考核评价。

评价项目	评价内容	评价标准	分值	自我评价	平台评价	组内评价	组间评价	教师评价	汇总
素质测评	规则意识	遵守作息制度，不迟到，不早退，不旷课	2						
	岗位职责	组长、检测员、记录员、操作员分工	2						
	操作能力	实践操作能力	2						
	团队合作	搜集信息、合作共事、知识共享、听取意见	2						
专业测评	信息收集	准确记录客户和车辆信息	2						
	技能提升	毫米波雷达的安装	4						
		毫米波雷达的调试	3						
		毫米波雷达的检测	3						
总评	满分100分								

任务工单 8.1
智能网联汽车视觉传感器认知

姓名			上课时间	___月___日第___节
班级			上课地点	
团队分工	组长		操作员	
	记录员		评价员	
任务目标	通过对视觉传感器的学习，提升独立思考、分析和解决问题的能力；了解视觉传感器的不同分类方式；掌握视觉传感器的基本结构和特点；掌握视觉传感器的工作原理；了解视觉传感器的应用。			
任务要求	客户李女士来到某汽车销售服务中心进行车辆维修，经检查发现车辆的视觉传感器出现故障。实习生小李作为维修团队人员，对业务还不熟悉。小李的师傅要求小李进行视觉传感器相关知识的学习，帮助李女士查找故障原因，制订解决方案。你知道小李需要学习视觉传感器的哪些基本知识吗？			

一、信息收集

1. 客户信息登记。

客户信息				
客户姓名		进店时间		联系电话	

2. 车辆信息登记。

车辆信息				
车辆型号		车牌号码		车辆 VIN	
里程数		油量 / 电量		故障灯	□有 □无
车辆外观	剐蹭痕迹	□有 具体情况_____ □无			
故障描述					
车内检查	中控屏尺寸		维修手册	___册，版本	
导航系统	□正常启动 □无法启动 □能启动但显示异常，具体情况				
配件设备	维修所用配件和设备是否齐全	□齐全 □不齐全，具体情况			
维修时间	需要时长				
资料提供	本次维修后需要提供给客户的资料有				
车辆清洗	□需要清洗 □无须清洗				

二、知识学习与故障排查	
视觉传感器 的定义	1. 什么是视觉传感器? 2. 视觉传感器的特点有哪些?
视觉传感器 的分类	视觉传感器的类型有哪些? 一般安装的位置在哪?
视觉传感器的 结构与参数	1. 视觉传感器由哪几部分组成? 2. 视觉传感器各部分组成的结构特点是什么? 3. 视觉传感器的技术参数有哪些?
视觉传感器的 工作原理	1. 视觉传感器的环境感知流程是什么? 2. 视觉传感器图像采集的工作过程是什么?
视觉传感器 的应用	1. 视觉传感器的主要应用有哪些? 2. 简述视觉传感器的发展方向。
故障原因	

<table>
<tr><td colspan="3" align="center">三、解决方案</td></tr>
</table>

序号	作业项目	说明

<table>
<tr><td colspan="2" align="center">四、评价反馈</td></tr>
</table>

1. 自我反思。

2. 考核评价。

评价项目	评价内容	评价标准	分值	自我评价	平台评价	组内评价	组间评价	教师评价	汇总
素质测评	规则意识	遵守作息制度，不迟到，不早退，不旷课	2						
	分析解决问题的能力	查阅资料，解决问题	2						
	个人表达	口头表达能力，书面总结能力	2						
	团队合作	搜集信息、合作共事、知识共享、听取意见	2						
专业测评	信息收集	准确记录客户和车辆信息	2						
	知识掌握	视觉传感器的不同分类方式	2						
		视觉传感器的基本结构和特点	2						
		视觉传感器的工作原理	2						
		视觉传感器的应用	2						
	故障排查	故障排查是否正确	1						
	方案制订	方案制订是否合理	1						
总评	满分 100 分								

任务工单 8.2

智能网联汽车视觉传感器装调与检测

姓名			上课时间	___月___日第___节
班级			上课地点	
团队分工	组长		操作员	
	记录员		评价员	
任务目标	通过对视觉传感器安装、调试和检测的学习和实践操作，能够使用视觉传感器安装时所需的工具；能够使用工具和仪器进行视觉传感器的品质检测；能够完成视觉传感器装调与测试；树立严谨的工作态度、团队合作意识和岗位职责意识；提升实践操作能力。			
任务要求	客户李先生的车发生事故，导致视觉传感器破损，需要进行更换。你作为售后服务工作人员，如何完成视觉传感器的更换呢？			

一、信息收集

1. 客户信息登记。

客户信息				
客户姓名		进店时间		联系电话	

2. 车辆信息登记

车辆信息				
车辆型号		车牌号码		车辆 VIN	
里程数		油量 / 电量		故障灯	□有　□无
车辆外观	剐蹭痕迹	□有　具体情况_____　□无			
故障描述					
车内检查	中控屏尺寸		维修手册	___册，版本	
导航系统	□正常启动　□无法启动　□能启动但显示异常，具体情况				
配件设备	维修所用配件和设备是否齐全	□齐全 □不齐全，具体情况			
维修时间	需要时长				
资料提供	本次维修后需要提供给客户的资料有				
车辆清洗	□需要清洗　□无须清洗				

二、准备工作

设备准备	智能网联汽车教学车、智能传感器装配调试台架。
工具 / 仪器准备	电脑、数字万用表、示波器、水平测试仪、多功能距离角度测量仪、常用拆装工具套装、内六角扳手。
团队成员分工	实行角色轮换制，组长 1 名，记录员 2 名，检验员 2 名，操作员多名。
注意事项	1. 实训开始前应摘掉各类饰品，穿着实训服，长发需挽起。 2. 整车实训时，应确保点火开关处于 Lock 状态，操作另有要求时除外。 3. 应施加驻车制动，操作另有要求时除外。 4. 工具使用后，应清洁并归位。

清点检查设备、 工具、材料	名称	数量	清点	名称	数量	清点
			□已清点			□已清点
			□已清点			□已清点
			□已清点			□已清点

三、视觉传感器的安装

序号	具体操作步骤	结果
1	确定摄像头的安装位置，为了保证摄像头拍摄车辆正前方的有效范围，尽量将其安装到车辆的纵向中心线上	□完成　□未完成
2	将安装支架底座上粘贴双面胶	□完成　□未完成
3	配合盒尺确定支架安装在前风窗玻璃纵向中心线上，粘贴摄像头和支架	□完成　□未完成
4	粘贴防尘密封罩	□完成　□未完成
5	摄像头的角度调整正确后，紧固其调整角度螺栓	□完成　□未完成
6	按照从摄像头到计算平台从前到后的顺序进行布线： ① 拆下布线涉及的内饰板，拆下车顶内饰板和后尾柱内饰板 ② 连接摄像头的线束插接器，从车顶内饰里面进行布线，然后通过布线孔进入行李舱，最后连接到计算平台 GMSL-A1 接口	□完成　□未完成

四、视觉传感器的调试

操作步骤：以视觉传感器安装在车辆前部为例，按照视觉传感器安装的步骤完成装配。

序号	具体操作步骤	结果
1	打开视觉传感器	□完成　□未完成
2	标定图片采集	□完成　□未完成
3	标定畸变图片　参数设置：宽（　）高（　）棋盘格大小（　）	□完成　□未完成

五、视觉传感器的检测

以仪表提示"视觉传感器故障"为故障现象，进行故障检测。

步骤	具体操作		结果
检测前防护	个人防护		□完成　□未完成
	设备安全防护		□完成　□未完成
故障现象			
故障分析	摄像头同轴线束及与计算平台连接的 GMSL 接口松动		□正常　□不正常
	视觉传感器适配器供电电源无供电		□正常　□不正常
	摄像头同轴线束断路		□正常　□不正常
	视觉传感器本体或计算平台本体损坏		□正常　□不正常
故障检测	检查摄像头同轴线束及与计算平台连接的 GMSL 接口		正常值：
	使用万用表检测视觉传感器适配器供电电源		正常值：
	检查摄像头同轴线束的通断		正常值：
	检查视觉传感器本体或计算平台本体		具体情况：
故障修复	更换相同型号的摄像头，设备		故障是否排除：

六、评价反馈

1. 自我反思。

2. 考核评价。

评价项目	评价内容	评价标准	分值	平台评价	组内评价	组间评价	教师评价	汇总
素质测评	规则意识	遵守作息制度，不迟到，不早退，不旷课	2					
	岗位职责	组长、检测员、记录员、操作员分工	2					
	操作能力	实践操作能力	2					
	团队合作	搜集信息、合作共事、知识共享、听取意见	2					
专业测评	信息收集	准确记录客户和车辆信息	2					
	技能提升	视觉传感器的安装	4					
		视觉传感器的调试	3					
		视觉传感器的检测	3					
总评	满分 100 分							

任务工单 9.1
智能网联汽车组合导航系统认知

姓名		上课时间	___月___日第___节
班级		上课地点	
团队分工	组长	操作员	
	记录员	评价员	
任务目标	通过对组合导航系统的学习，提升独立思考、分析和解决问题的能力；掌握不同导航系统的基本组成和特点；掌握组合导航系统的工作原理；了解组合导航系统的应用。		
任务要求	客户王先生来到某汽车服务中心进行车辆维修，车辆的导航系统出现故障。实习生小李作为维修团队人员，对业务还不熟悉。小李的师傅要求小李进行组合导航系统相关知识的学习，帮助王先生查找该故障出现的原因，制订解决方案。你知道小李需要学习组合导航系统的哪些基本知识吗？		

一、信息收集

1. 客户信息登记。

客户信息					
客户姓名		进店时间		联系电话	

2. 车辆信息登记。

车辆信息					
车辆型号		车牌号码		车辆 VIN	
里程数		油量 / 电量		故障灯	□有　□无
车辆外观	剐蹭痕迹	□有　具体情况_____	□无		
故障描述					
车内检查	中控屏尺寸		维修手册	___册，版本	
导航系统	□正常启动　□无法启动　□能启动但显示异常，具体情况				
配件设备	维修所用配件和设备是否齐全	□齐全 □不齐全，具体情况			
维修时间	需要时长				
资料提供	本次维修后需要提供给客户的资料有				
车辆清洗	□需要清洗　□无须清洗				

二、知识学习与故障排查	
组合导航系统的概述	1. 什么是组合导航？ 2. 为什么要使用组合导航系统？
全球卫星导航系统	1. 全球卫星导航系统国际委员会公布的全球 4 大卫星导航系统供应商，包括_____、_____、_____、_____。 2. 北斗卫星导航系统和其他导航定位系统的最大区别是什么？
北斗卫星导航系统的认知	1. 北斗卫星导航系统由_____、_____、_____组成。 2. 北斗卫星导航系统地面段由_____、_____、_____组成。 3. 北斗卫星导航系统空间段由_____颗卫星组成。
全球定位系统的认知	1. GPS 定位卫星有_____颗卫星均匀分布在 6 个轨道面上，轨道倾角为 55°，每一轨道面相距 60°，即轨道的高度为 60°。 2. GPS 用户设备部分包括_____和_____。
组合导航系统的认知	组合导航系统主要由_____、_____、_____等组成。
组合导航系统的应用	组合导航系统主要应用场景有哪些？
故障原因	

三、解决方案		

序号	作业项目	说明

| 四、评价反馈 | | | | | | | | | | |

1. 自我反思。

2. 考核评价。

评价项目	评价内容	评价标准	分值	自我评价	平台评价	组内评价	组间评价	教师评价	汇总
素质测评	规则意识	遵守作息制度，不迟到，不早退，不旷课	2						
	分析解决问题的能力	查阅资料，解决问题	2						
	个人表达	口头表达能力，书面总结能力	2						
	团队合作	搜集信息、合作共事、知识共享、听取意见	2						
专业测评	信息收集	准确记录客户和车辆信息	2						
	知识掌握	组合导航的概述	1						
		全球卫星定位系统	1						
		北斗卫星导航系统认知	1						
		全球定位系统的认知	1						
		组合导航系统的认知	1						
		组合导航系统的应用	1						
	故障排查	故障排查是否正确	2						
	方案制订	方案制订是否合理	2						
总评	满分 100 分								

任务工单 9.2
智能网联汽车组合导航系统故障排除

姓名			上课时间	____月____日第____节
班级			上课地点	
团队分工	组长		操作员	
	检验员		记录员	
任务目标	通过对组合导航系统的安装、调试和故障排除的学习和实践操作，能够使用组合导航系统安装时所需的工具；能够完成组合导航系统调试与故障排除；提升独立思考、分析和处理问题的能力，在学习的过程中树立创新意识、爱岗敬业的工匠精神、增强科技意识。			
任务要求	客户王先生的车辆导航系统不能正常工作，到某汽车服务中心进行维修，经过检查发现车辆组合导航系统部件损坏，需要进行检测更换。			

一、信息收集

1. 客户信息登记。

客户信息					
客户姓名		进店时间		联系电话	

2. 车辆信息登记。

车辆信息				
车辆型号		车牌号码		车辆 VIN
里程数		油量 / 电量		故障灯　□有　□无
车辆外观	剐蹭痕迹	□有　具体情况_____　□无		
故障描述				
车内检查	中控屏尺寸		维修手册	____册，版本
车辆中控屏	□正常启动　□无法启动　□能启动但显示异常，具体情况			
配件设备	维修所用配件和设备是否齐全	□齐全 □不齐全，具体情况		
维修时间	需要时长			
资料提供	本次维修后需要提供给客户的资料有			
车辆清洗	□需要清洗　□无须清洗			

二、准备工作					
设备准备	智能网联汽车教学车、智能传感器装配调试台架。				
工具/仪器准备	电脑、数字万用表、示波器、常用拆装工具套装、内六角扳手。				
团队成员分工	实行角色轮换制，组长 1 名，记录员 2 名，检验员 2 名，操作员多名。				
注意事项	1. 实训开始前应摘掉各类饰品，穿着实训服，长发需挽起。 2. 整车实训时，应确保点火开关处于 Lock 状态，操作另有要求时除外。 3. 应施加驻车制动，操作另有要求时除外。 4. 工具使用后，应清洁并归位。				

清点检查设备、工具、材料	名称	数量	清点	名称	数量	清点
			□已清点			□已清点
			□已清点			□已清点
			□已清点			□已清点

三、组合导航系统的安装

序号	具体操作步骤	结果
1		□完成 □未完成
2		□完成 □未完成
3		□完成 □未完成
4		□完成 □未完成
5		□完成 □未完成
6		□完成 □未完成
7		□完成 □未完成
8		□完成 □未完成
9		□完成 □未完成

四、组合导航系统的调试

序号	具体操作步骤	结果
1	组合导航调试软件认知	□完成 □未完成
2	组合导航串口连接设置	□完成 □未完成
	杆臂误差补偿设置	□完成 □未完成
3	命令发送与解析	□完成 □未完成

步骤	具体操作		结果
五、组合导航系统的故障排除			

以组合导航系统无信号为故障现象，进行故障检测。

步骤	具体操作		结果
检测前防护	个人防护		□完成　□未完成
	设备安全防护		□完成　□未完成
故障现象			
故障分析	组合导航发射或接收天线故障		□正常　□不正常
	组合导航系统供电故障		□正常　□不正常
	组合导航系统通信故障		□正常　□不正常
	组合导航系统或计算平台本体故障		□正常　□不正常
故障检测	断开组合导航发射天线两端的插接器，使用万用表测量组合导航发射天线和接收天线通断		正常值：
	启动钥匙处于 ON 档位置，使用万用表测量组合导航主控制器的供电电源		正常值：
	使用示波器电压档测量组合导航主控制器发射（TX）信号线，正常测量值应有信号电压		是否有信号：
	使用万用表电压档测量组合导航主控制器接收（RX）信号线		正常值：
	检查组合导航的线束插接器是否松动，插接器连接应牢固可靠		具体情况：
	用替换法检查组合导航主控制器		具体情况：
故障修复	维修或更换相同型号的组合导航主控制器		故障是否排除：
六、评价反馈			

1. 自我反思。

2. 考核评价。

评价项目	评价内容	评价标准	分值	自我评价	平台评价	组内评价	组间评价	教师评价	汇总
素质测评	规则意识	遵守作息制度，不迟到，不早退，不旷课	2						
	岗位职责	组长、检测员、记录员、操作员分工	2						
	操作能力	实践操作能力	2						
	团队合作	搜集信息、合作共事、知识共享、听取意见	2						
专业测评	信息收集	准确记录客户和车辆信息	2						
	技能提升	组合导航系统的安装	4						
		组合导航系统的调试	3						
		组合导航系统的检测	3						
总评	满分 100 分								

汽车类专业教学改革成果教材

ISBN 978-7-111-75960-7

9 787111 759607 >

○ 策划编辑◎葛晓慧 / 封面设计◎陈沛

机工教育微信服务号

定价：54.00元（含任务工单）